U0681659

# 春秋穀梁疏

〔唐〕楊士勛　撰

張麗娟　解題

圖版

「十四五」國家重點出版物出版規劃項目
二〇二四年度國家古籍整理出版專項經費資助項目
「群經單疏古鈔本彙編及校理（附《論語義疏》）」成果
教育部人文社會科學重點研究基地重大項目
「儒家經典整理與研究」〔19JJD750001〕成果

# 群經單疏古鈔本叢刊編委會

主編　劉玉才

編委　郜積意　張麗娟

顧永新　李　霖

郜同麟　張學謙

杜以恒

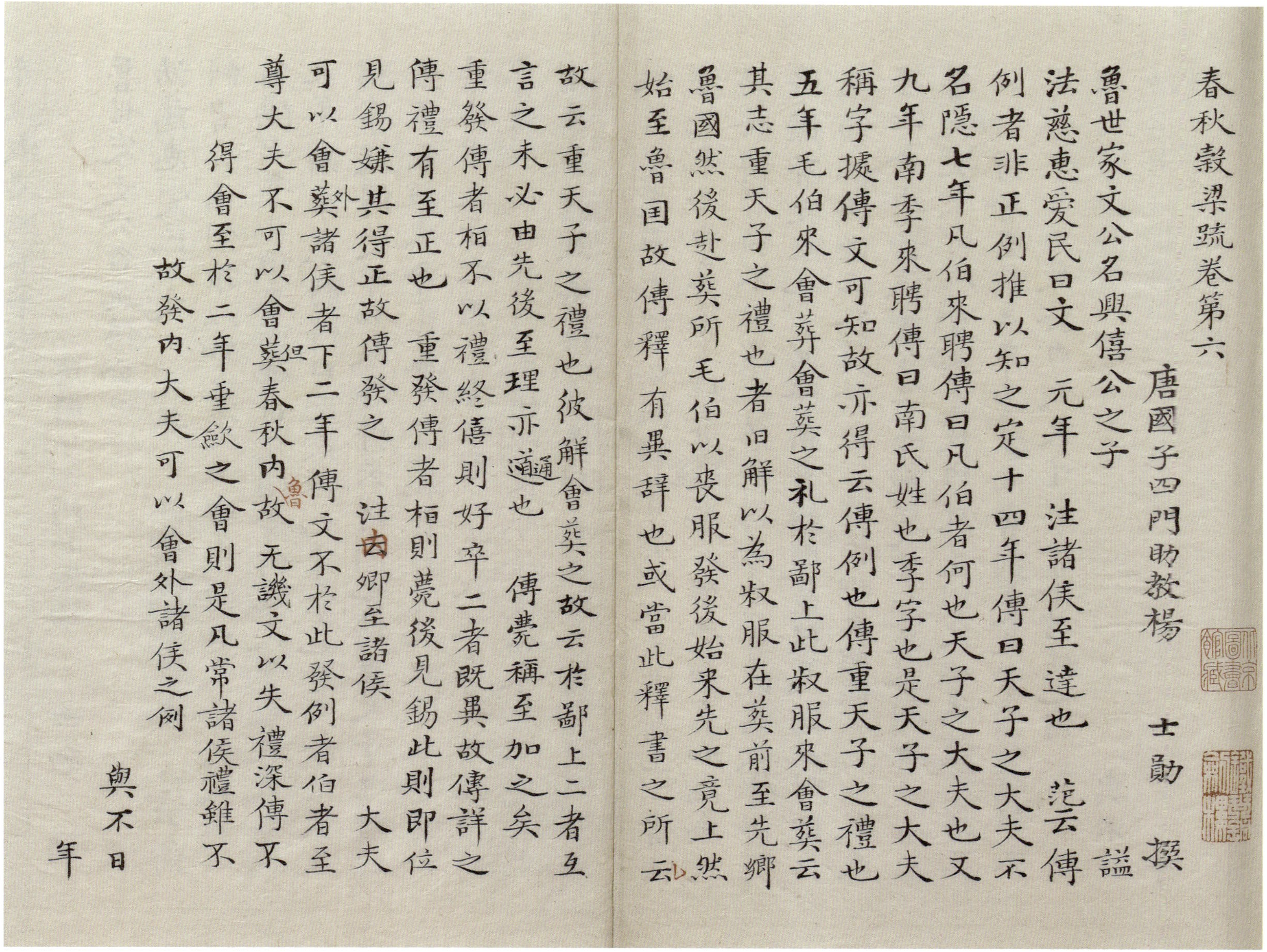


圖一　中國國家圖書館藏清咸豐七年瞿氏恬裕齋鈔本《春秋穀梁疏》卷六首葉

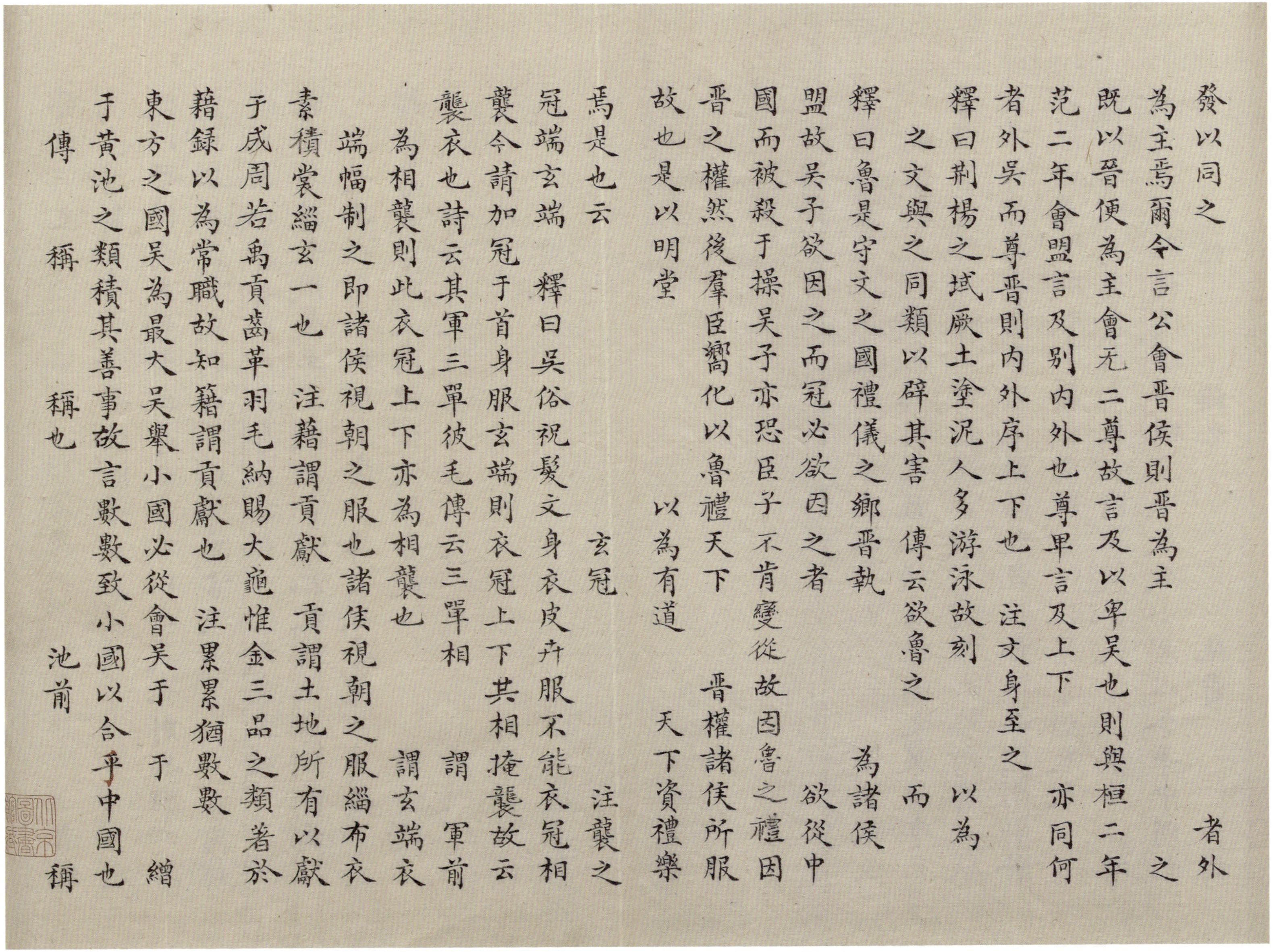
發以同之　者外
為主焉爾令言公會晉侯則晉為主　之
既以晉便為主會无二尊故言及以卑吴也則與桓二年
范二年會盟言及別内外也尊卑言及上下　亦同何
者外吴而尊晉則内外序上下也　注文身至之
釋曰荆楊之域厥土塗泥人多游泳故刻　以為
之文與之同類以辟其害　傳云欲魯之　而
釋曰魯是守文之國禮儀之鄉晉執　為諸侯
盟故吴子欲因之而冠必欲因之者　欲從中
國而被殺于操吴子亦恐臣子不肯變從故因魯之禮因
晉之權然後羣臣嚮化以魯禮天下　晉權諸侯所服
故也是以明堂　以為有道　天下資禮樂
焉是也云　玄冠　注襲之
冠端玄端　釋曰吴俗祝髮文身衣皮卉服不能衣冠相
襲令請加冠于首身服玄端則衣冠上下共相掩襲故云
襲衣也詩云其軍三單彼毛傳云三單相　謂　軍前
為相襲則此衣冠上下亦為相襲也　謂玄端衣
端幅制之即諸侯視朝之服也諸侯視朝之服緇布衣
素積裳緇玄一也　注藉謂貢獻　貢謂土地所有以獻
于成周若禹貢齒革羽毛納賜大龜惟金三品之類著於
藉録以為常職故知藉謂貢獻也　注累累猶數數
東方之國吴為最大吴舉小國必從會吴于　于
于黄池之類積其善事故言數數致小國以合乎中國也　繒
傳　稱　稱也　池前　稱

圖二 中國國家圖書館藏清咸豐七年瞿氏恬裕齋鈔本《春秋穀梁疏》卷十二末葉

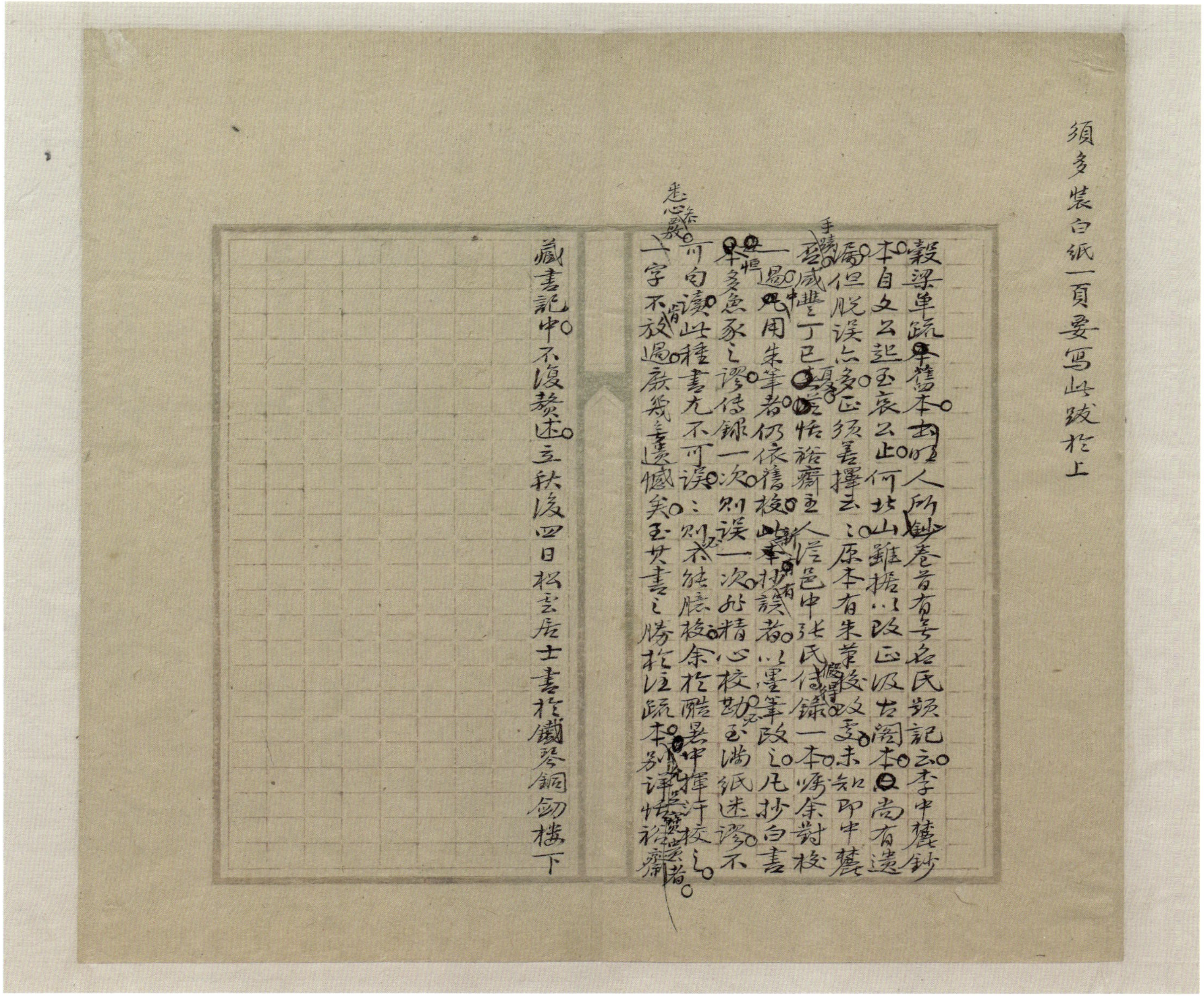

圖三 中國國家圖書館藏清咸豐七年瞿氏恬裕齋鈔本《春秋穀梁疏》季錫疇跋

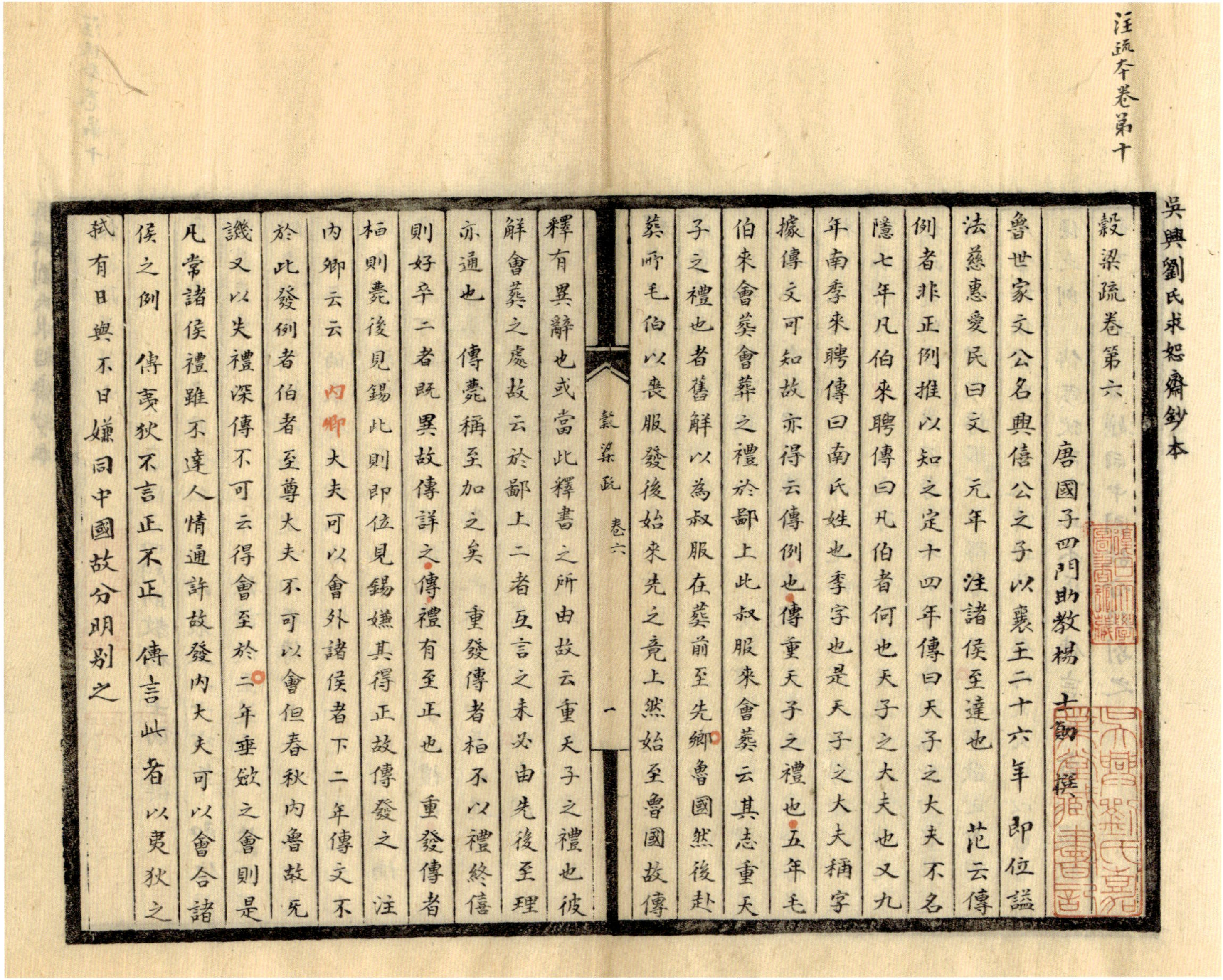

圖四　復旦大學圖書館藏民國五年劉氏嘉業堂鈔本《春秋穀梁疏》卷六首葉

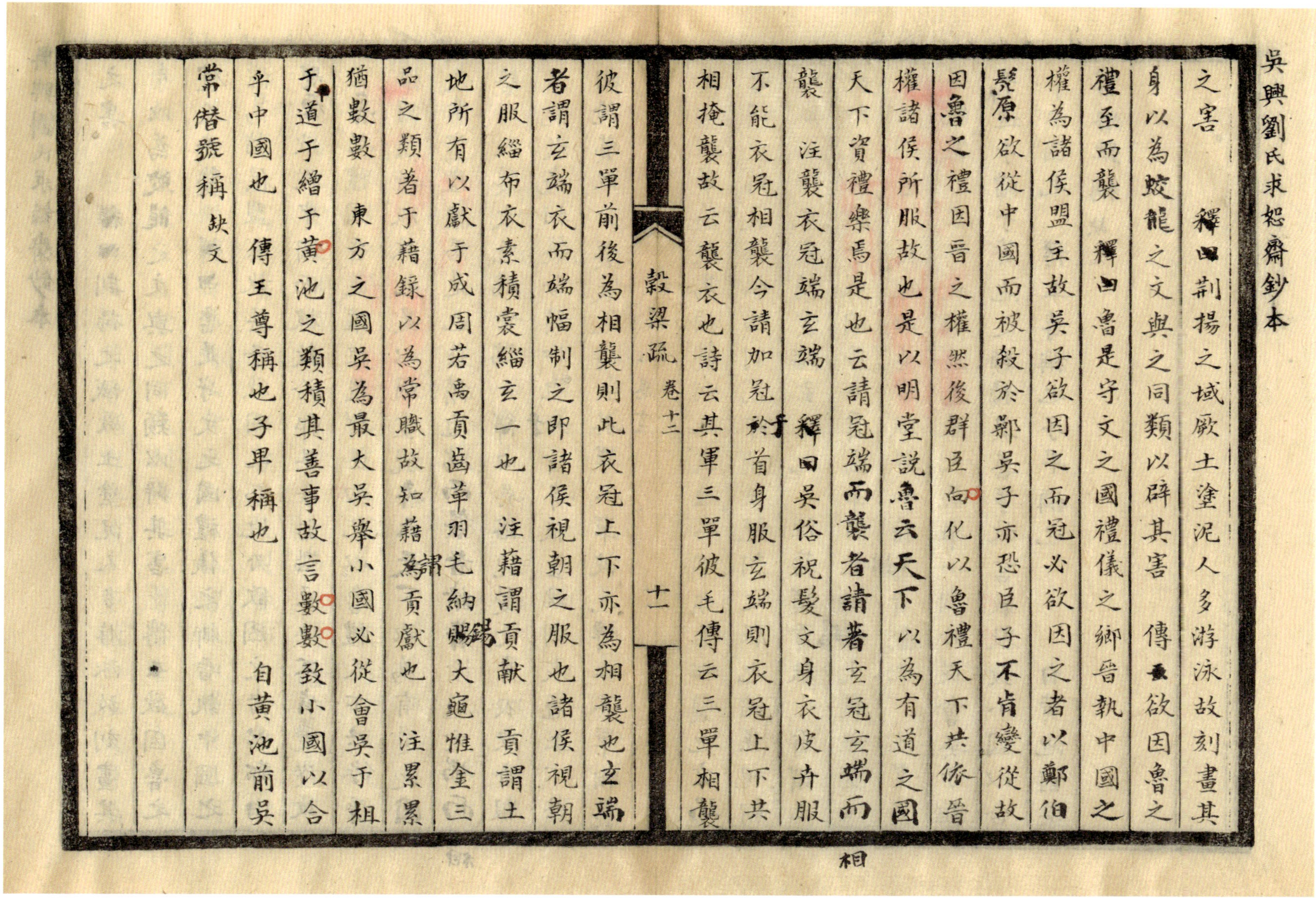
吳興劉氏求恕齋鈔本

之害　釋曰荆揚之域厥土塗泥人多游泳故刻畫其
身以為蛟龍之文與之同類以辟其害　傳吾欲因魯之
禮至而襲　釋曰魯是守文之國禮儀之鄉晉執中國之
權為諸侯盟主故吳子欲因之而冠必欲因之者以鄭伯
髡原欲從中國而被殺於鄭吳子亦恐臣子不肯變從故
因魯之禮因晉之權然後群臣向化以魯禮天下共依晉
權諸侯所服故也是以明堂說魯云天下以為有道之國
天下資禮樂焉是也云請冠端而襲者請著玄冠玄端而
襲　注襲衣冠端玄端　釋曰吳俗祝髮文身衣皮弁服
不能衣冠相襲今請加冠於首身服玄端則衣冠上下共
相掩襲故云襲衣也詩云其軍三單彼毛傳云三單相襲

穀梁疏　卷十二　十二

彼謂三單前後為相襲則此衣冠上下亦為相襲也玄端
者謂玄端衣而端幅制之即諸侯視朝之服也諸侯視朝
之服緇布衣素積裳緇玄一也　注藉謂貢獻　貢謂土
地所有以獻于成周若禹貢齒革羽毛納錫大龜惟金三
品之類著于藉錄以為常職故知藉為貢獻也　注累累
猶數數　東方之國吳為最大吳舉小國必從會吳于柤
于道于繒于黃池之類積其善事故言數數致小國以合
乎中國也　傳王尊稱也子卑稱也　自黃池前吳
常僭號稱　缺文

相

圖五　復旦大學圖書館藏民國五年劉氏嘉業堂鈔本《春秋穀梁疏》卷十二末葉

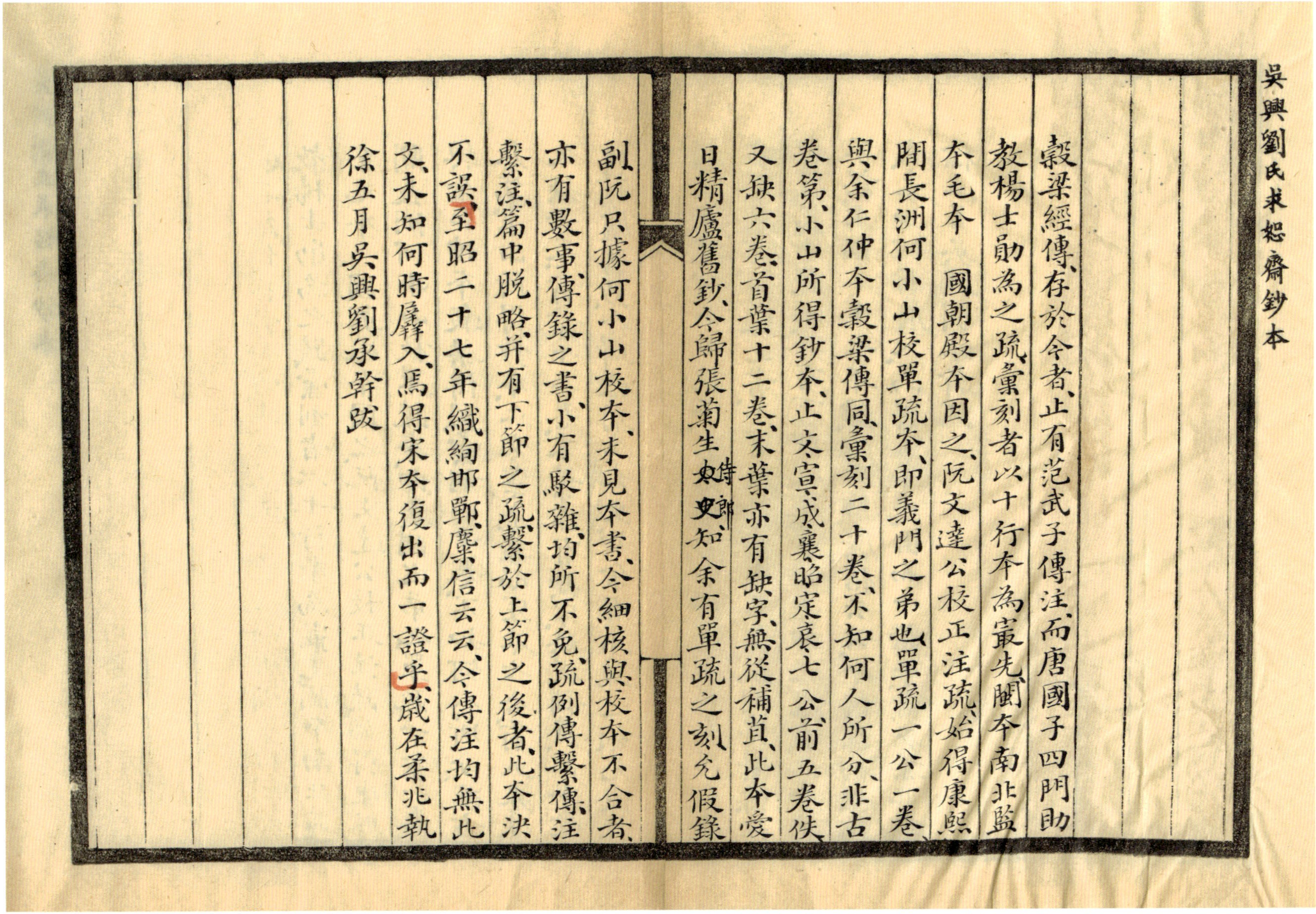
吳興劉氏求恕齋鈔本

穀梁經傳存於今者，止有范武子傳注，而唐國子四門助教楊士勛爲之疏，彙刻者以十行本爲最先，閩本、南北監本、毛本、國朝殿本因之。阮文達公校正注疏，始得康熙間長洲何小山校單疏本，即義門之弟也。單疏一公一卷，與余仁仲本穀梁傳同彙刻二十卷，不知何人所分，非古卷第。小山所得鈔本，止文宣成襄昭定哀七公，前五卷佚，又缺六卷首葉、十二卷末葉，亦有缺字，無從補葺。此本爰日精廬舊鈔，今歸張菊生太史，知余有單疏之刻，允假錄副。阮只據何小山校本，未見本書，今細核與校本不合者，亦有數事。傳錄之書，小有駁雜，均所不免。疏例傳繫傳，注繫注，篇中脱略，并有下節之疏繫於上節之後者，此本決不誤。至昭二十七年纖絺邯鄲、麇信云云，今傳注均無，此文未知何時羼入，焉得宋本復出，而一證乎。歲在柔兆執徐五月吳興劉承幹跋

圖六　復旦大學圖書館藏民國五年劉氏嘉業堂鈔本《春秋穀梁疏》劉承幹跋

# 出版説明

群經義疏初以單疏形式流傳，單疏本保留疏文較爲原始面貌，是研究經典流變、校理經籍的關鍵文獻。至宋代出現經、注、疏乃至釋文合刻，單疏本遂漸式微，傳本稀少。今存於世的宋刻單疏本僅有《周易正義》（國家圖書館藏）、《尚書正義》（日本宫内廳書陵部藏）、《毛詩正義》（日本杏雨書屋藏，存三十三卷）、《禮記正義》（日本身延山久遠寺藏，存八卷）、《春秋公羊疏》（國家圖書館藏，存七卷）、《爾雅疏》（國家圖書館和日本静嘉堂文庫各藏一部）。另有散藏中、日兩國的單疏古鈔本，或從未公開，或未在中國原貌影印，學界使用甚爲不便。

本次我社幸獲各館藏機構授權，彙編影印《周易》、三《禮》、《春秋》三傳單疏古鈔本，並附研究性解題、與存世刊本的校勘記、相關重要研究論文。各經編纂情況如下：

1.《周易正義》。影印日本廣島大學圖書館藏天文十二年（1543）鈔本，十四卷全帙，及所附《周易要事記》《周易命期秘傳略》。圖版縮放比例爲90%。北京大學朱瑞澤先生解題。附録文章兩篇：野間文史先生《廣島大學藏舊鈔本〈周易正義〉攷》（包含與廣大本與刻本之校記），由朱瑞澤先生翻譯；北京大學顧永新先生《日系古鈔〈周易〉單疏本研究》。另外附録傅斯年圖書館藏《賁卦》敦煌殘卷。

2.《周禮疏》。影印日本京都大學附屬圖書館藏室町時代（1336—1573）鈔本，全五十卷，存三十一卷。圖版縮放比例爲80%。山東師範大學韓悦先生解題。

3.《儀禮疏》。影印日本宫内廳書陵部藏平安末（十二世紀）鈔本，存卷十五、卷十六。圖版原大。北京大學杜以恒先生解題並校理。

4.《禮記正義》。影印日本東洋文庫藏十世紀鈔本卷五殘卷，並背面《賢聖略問答》，原裝爲卷軸。北京大學部同麟先生解題。圖版縮放比例爲83%。附録英藏敦煌《禮運》殘片（S. 1057）、《郊特牲》殘卷（S. 6070）及法藏敦煌《郊特牲》殘片（P. 3106B）。

此册另附二種：《尚書正義》，英藏吐魯番出土《吕刑》殘片（Or. 8212 / 630r[Toy. 044]）。《毛詩正義》：（1）《谷風》《式微》殘卷（德國柏林藏吐魯番文獻）；（2）《小戎》《蒹葭》殘卷（《京都帝國大學文學部景印唐鈔本第一集》影印件，並日本高知大學、天理大學藏本）；（3）《思齊》殘片（俄藏敦煌文獻 Дх. 09322）；（4）《民勞》殘卷（英藏敦煌文獻 S. 498）；（5）《韓奕》《江漢》殘卷（日本東京國立博物館藏本）。

5.《春秋正義》。影印日本宫内廳書陵部藏文化十二年（1815）至十三年鈔本，三十六卷全帙。圖版縮放比例爲90%。北京大學李霖先生解題。附録文章三篇：安井小太郎先生《景鈔正宗寺本〈春秋正義〉解説並缺佚考》（王瑞先生譯，董岑仕、張良二先生校）； 張良先生《跋復旦大學圖書館藏〈春秋正義〉殘帙》； 王瑞、劉曉蒙二先生《大連圖書館藏〈春秋正義〉述略》； 虞萬里先生《斯坦因黑城所獲單疏本〈春秋正義〉殘葉考釋與復原》。另外附録法藏敦煌哀公十二年—十四年鈔本殘卷（P. 3634v＋3635v）。

6.《春秋公羊疏》。影印蓬左文庫藏室町末（十六世紀）鈔本，三十卷全帙。圖版縮放比例爲 90%。湖南大學郜積意先生解題，山東大學石傑先生校理。附録馮曉庭先生《蓬左文庫春秋公羊疏鈔本述略》。

7.《春秋穀梁疏》。影印北京大學圖書館藏陳鱣鈔校本，全十二卷，存七卷。圖版原大。北京大學張麗娟先生解題。

以上七經單疏本皆原色影印。附録部分的敦煌、吐魯番、日本等殘卷殘片根據圖片質量單色或原色影印。底本爲卷子者，皆裁切成頁，爲避免裁切時行間信息遺失，每頁末行在下頁重複出現； 於圖版天頭標注行數。爲便於圖文對照，解題、校理和研究文章皆另册。敦煌本解題録自許建平先生《敦煌經籍敘録》（中華書局，2006 年版），德藏吐魯番本《谷風》《式微》殘卷解題録自榮新江、史睿先生《吐魯番出土文獻散録》（中華書局，2021 年版），英藏吐魯番本《吕刑》殘片解題由李霖先生撰寫，日藏殘卷解題録自李霖先生《宋本群經義疏的編校與刊印》（中華書局，2019 年版）。叢刊解題、校理、研究論文中的古、舊、寫、鈔、抄等術語悉遵各篇作者表述習慣，不强作統一。

叢刊由主編劉玉才先生悉心統籌、指導，各位編委、解題、校理作者傾力支持，各收藏單位、論文作者慨予授權，謹致謝忱。

上海古籍出版社

二〇二四年十月

# 本册目録

## 北京大學圖書館藏清鈔本春秋穀梁疏

春秋穀梁疏卷第八……六九

成公



春秋穀梁疏卷第九……一一一

襄公

## 春秋穀梁疏卷第十一



## 春秋穀梁疏卷第十二

北京大學圖書館藏

# 清鈔本春秋穀梁疏

仲魚圖象

穀梁單行疏　李中麓鈔本

自文公起至哀公止　何北山維據以改正汲古閣本

亦尚有遺漏但脫誤亦多改須善擇

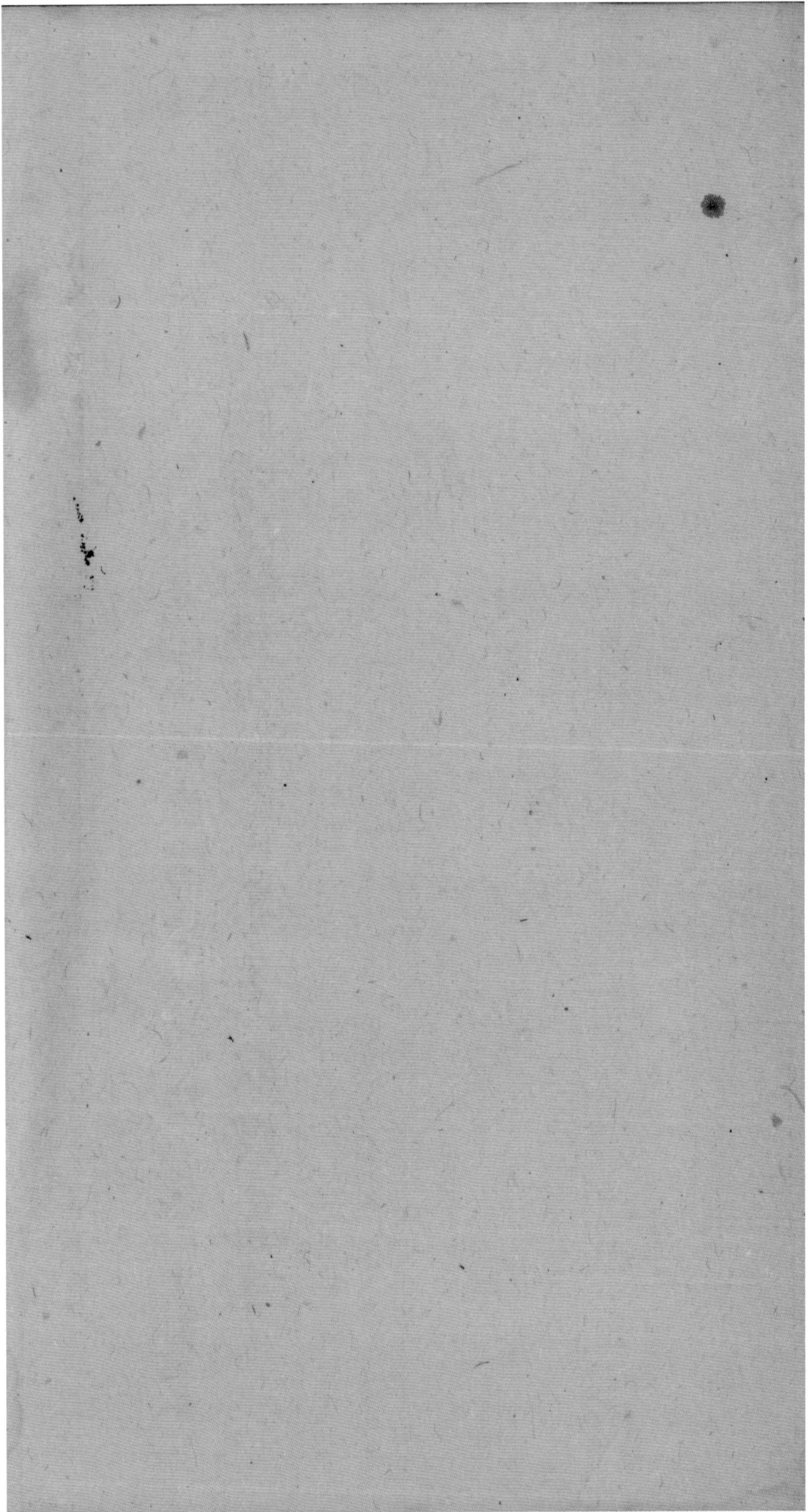

春秋穀梁疏卷第六

唐國子

魯世家文公名興僖公之子謚法慈惠愛民曰文　元年　注諸侯至達也　云傳例者非正例推以知之定十四年傳曰天子之大夫不名隱七年凡伯來聘傳曰凡伯者何也天子之大夫也又九年南季來聘傳曰南氏姓也季字也是天子之大夫稱字據傳文可知故亦得云傳例也傳重天子之禮也五年毛伯來會葬會葬之礼扵鄙上此叔服来會葬云其志重天子之禮也者旧解以為叔服在葬前至先鄉魯國然後赴葬所毛伯以喪服發後始來先之竟上然、始至魯国故傳釋有異辭也或當此釋書之所云

故云重天子之禮也彼解會埜之故云於鄗上二者互
言之未必由先後至理亦通也　傳甍称至加之矣
重發傳者桓不以禮終僖則好卒二者既異故傳詳之
傳禮有至正也　重發傳者桓則甍後見錫此則即位
見錫嫌其得正故傳發之　注内卿　大夫
可以會外諸侯者下二年傳文不於此發例者伯者至
尊大夫不可以會但春秋内故无識又以失禮深傳不
云得會至於二年垂斂之會則是凡常諸侯禮雖不
情通許故發内大夫可以會合諸侯之例
以夷狄之　有　與不日
十年

以爲譏則此作亦譏可知故　後
也案莊公之喪已二十二月
作主猶是凶服而曰吉主者三年之　猶
未合全吉故公子遂有納幣之譏莊公喪制　十五月
而禘祭故譏其爲吉此言吉者比之虞主故爲吉也此
雖爲練作之主終入廟以辨昭穆故傳以言之然作主
在十三月壞廟在三年喪終而傳連言之此主終入廟入廟
即易檐其事相繼故連言之非謂作主壞廟　也或
以爲練而作主之時則易檐改塗故此傳云於練壞廟
於傳文雖順舊說不然故不從之直記異聞耳麋信引
衛次仲云宗廟主皆用栗右主八寸左主七寸廣厚三
寸若祭訖則納於西壁埳中去地一尺六寸右主

也左主謂毋也何休徐邈並與范注同云天子尺二寸諸侯一尺狀正方穿中央達四方是與鄭氏異也其藏之也白虎通亦云藏之西壁則納之西壁中或如衛說去地高下則無文以明之何休又云謂之虞者親喪已入壙皇皇無所見求而虞事之虞猶安也虞主用桑者桑猶喪也取其名與其麤觕所以副孝子之心練主用栗者謂既理虞主於兩間之間易用栗木爲主取其戰栗胡用栗木爲主又引士虞記曰桑主不閑吉主皆刻而謚之蓋爲禘時別昭穆也徐邈注谷梁云與之同范亦當不異也　注晉大云云　經不言陽注知之以下　晉殺其大夫陽処故父也　傳

傳決不言公者據隱公八年　于

包来言公也彼傳云可言公及人　　　夫故没
公彼存公也莊二十二年及齊　　　　公
高傒伉也彼已有傳此又重發　　　　族
嫌異故重發之傳不與高傒發日以明公存者二者理同
此又須辨公不言者意也故就此亦發之彼注云書日則
公盟也是亦意同之事也傳又云出不書反不致也者以
致者必有出出者不必致今出既不書故反亦不致也
傳歷時至憂雨也　傳發之者以僖公憂民之急故備
書之今文公繼父之業無志於民故畧書之以二者既異
故傳分而別之莊三十一年冬不雨不發傳者以一時不
雨輕故也下十年十三年意亦與此同故省文不發之注
入事自至明旧解范云其識自明者謂吉禘於莊公書吉

此大事於太廟不　　吉以同未滿三年前已書吉則亦同
譏故云其譏自明此解取杜預之意也然杜云其譏已明
故得以吉禘並之范云其譏自明焉知比遠吉禘蓋范意
以喪已終未不待譏責其惡足顯故云自明也禘祫之禮
俱在廟序昭穆所以爲制意者公羊傳稱五年再殷祭何
休云謂三年祫五年禘禘所以異於祫者禘則公臣皆祭
也祫則合食於大祖而已是何休意祫則三年禘則五年
也范於閔二年注同杜預以禘為三年之祭必不得與何
休同也公羊云五年再殷祭禘既三年蓋祫則五年也若
然祫在五年而云三年之喪未終者據時　　而為
祫祭故以三年言之不謂祫祭　在三　　禘祫
同三年但禘在夏祫在秋直時異　　不妨但與公

年五年再殷祭為也何休文云天　祫諸侯禘則
不礿祫則不嘗大夫有賜於君然後祫其　祖然諸禘則
不礿武如何説云大夫有祫恐其不然　大事
于大廟爲祫祭杜解左氏以大事為禘與谷梁異　傳大
事至義也
大是事也者祫是祭之大者故云大事是也著祫嘗者謂
之大事言之著明是祫嘗之祭也嘗連言者祫必在秋故
連嘗言之然周之八月夏之六月而云著祫嘗者孟月却
節前已得立秋之節故也先親而後祖親謂僖公祖謂閔
公也僖繼閔而立猶子繼父故傳以昭穆祖父為喻此
於傳文不失而范氏為莊公為祖非也非也何者若范云
文公傎倒祖考則是僖公在於莊上謂之夷猶自不然況

乎有道之邦豈其若是明范説非也則无天也謂天道先
尊而後親今乱其上下不仰法天也此春秋之義也者以
嫌疑之際須取聖證故也　三年
傳何以卒之重發之者尹氏則以爲魯主此爲會塟事
異故重發之　傳外災不至重發之者志災或爲王者之
後或爲甚而錄之故不得一例危之
注茨蒺蔾　徐邈云禾稼既盡又食屋之茅茨今范云蒺
蔾則與徐異也公羊与考異郵皆云螽死而墜地於故何
休云螽猶衆也死而墜地象宋群臣相殘害也云云上下
異之云爾今谷梁直云茅茨盡矣著於上見　之雨
與讖違是為短鄭玄云谷梁意亦以宋　薄　將有禍故
螽飛在上墜地死而言茅茨盡者著　於讖何錯之

有乎是鄭意以兩釁於宋亦為禍　四年　傳其
曰婦至貶也　宣元年已有傳今(復)發之　人此直
云婦姜嫌文異也故彼此明之然彼称夫　此不
然者羊公傳曰其謂之逆婦姜於齊何娶於(乎)大夫者畧之
也徐邈亦以爲不書至不称夫人下娶賤畧之若(以)於諸侯
下娶大夫便為畧賤則大夫亦不得上娶諸侯且天子得
下婚諸侯何爲諸侯不得下娶大夫是公羊之言不可以
辭此也蓋不称夫人不言至者以其婦禮成於齊故異於
余称傳云夫人與有貶者也辭不稱氏之意非釋不称夫
人也　五年　注含口実也云云　飯用米貝不忍虛也
扎記檀弓文　諸侯含用玉礼緯文也　注含礼至異人
知各異人者雜記諸称侯之喪有賵者有含者有襚者當

各異使也注已殯至其礼　旧解以為傳与雜記違　傳
言含賵上関天子之於諸侯及夫人耳雜記所云唯論諸
侯自相於不是天子施於諸侯之事故彼既殯猶致含此
責其晚也何者諸侯及夫人於天子生有朝覲之好有疾
則當告於天子天子遣使問之有喪則致含旡則止矣故
未殯以来足以及事今天子帰賵大早帰含大晚故譏之其
諸侯相於有疾未必相告比殯以来道遠者容其不至故
亦其礼而已不責其晚也以事既有殊譏亦有異今恐不
然何者范云国有遠近皆令及事理不通也則是傳之不
通故引記文為證何得天子与諸侯礼異　妄耳又
云明君之臣云云者證君之与　有賵　不必皆用
也案鄭釋廢疾云天子於二王後之　先遂次之賵

次之余諸侯會之賵之小君亦如之於諸侯之臣襚之賵
之其諸侯相於如天子於二王之後於卿　天子於
諸侯於士如天子於諸侯之臣京師去　王室无事
三月乃含故不言來以譏之是鄭意亦以譏王含晚也范
前注引鄭釋似將傳為是後注取彼記文則以傳非者范
以何休取秦人來歸僖公成風之襚為　非類故上注取
鄭釋以排之下注既傳為非故引雜記之文為證二注並
不取鄭君非王含脫之說亦[益]明范以傳為　毛伯來
會葬釋曰左氏公羊及徐邈本疾[亟]云召伯此本作毛伯疑
誤也六年　注行父云云　世本季友生仲无佚佚生行
父是也　傳襄公已葬　徐邈解襄公已葬謂春秋之例
君殺无罪之大夫則是失德不合會葬今襄公會葬則是

無罪而以累上之辭言之者以襄公漏泄陽処父之言故也旧解亦云襄公罪輕故不追去葬文今以為傳云襄公已葬者謂卒哭日久葬在前杀在後是罪累不合及君故起累上之問非是釋合書葬以否　注親杀至以殺　兩下相殺不志乎春秋今雖是射姑之殺罪君漏言故称国以殺　注禮天子至朝之　周礼大史班告朔于邦国鄭玄云天子班朔於諸侯諸侯藏之粗庙至朔日朝於庙告而受行之論語云子貢欲去告朔之餼羊是告朔用特羊告庙鄭云祖庙范言禰庙者以无正文各以意説或祖或禰通言之耳休何亦云藏於祖庙使大夫南　子命君北面而受之是亦受政之事也凡告朔　因視此月之政故謂之視朔謂之所朔也其朝　孝子緣生以

事死因告朔在庙故感月始而亦享祭宗庙故亦謂朝享
其歲首為之朝正也按王藻及祭法之文則天子听朔於
明堂朝享自祖考以下五庙諸侯則听朔於　　享自
皇考以下三庙也公羊傳称閏曷月為不告朔天無是
月也閏月也何以謂之天无是月非常月也此傳云閏月
者附月之余日也天子不以告朔而喪事不改公羊谷梁
皆以為閏月不合告朔左氏傳云不告閏朔棄時政也何
為明主則閏月當告朔與二傳異也案哀公五年閏月葬
齊景公公羊傳意以為并閏此傳云喪事不數也者閏月
不告朔二傳雖同其於喪事數与不数其意又異也范氏
別例云書不告朔有三皆所以示譏耳則文一也公四不
視朔二也襄二十九年公在楚三也公既在楚則是不告

朔故亦以爲一注又云不敢泄鬼神解生則朝朝暮夕死則每月始朝之意也　注一歲至此月　古今爲歷者皆云周天有三百六十五度四分度之一日之行天一日一夜行一度故謂一度爲一日一歲十二月唯有三百六十日是余五日四分日之一也又月一大一小則一年之閒又有六日并言之則一歲有十二日故積五歲得六十日此皆大率而言其實一年不得有十二日范不曆如法細計之故云五歲得六十日也猶之至已也釋曰重發傳者前為三望發此是朝廟嫌異故重明之范例猶有五等發傳者僖三十一年猶三望獨發傳者據始也　不發傳者從例也成七年亦不發傳者亦爲　可　也此年發傳者朝與三望異也宣八年發傳　嫌仲遂有罪得不

廢禮文繹祭于朝廟礼異成也　七年　不正至日之也
釋曰哀元年冬仲孫何忌帥師伐邾二年王二月季孫斯
云云帥師伐邾取漷東田及沂西田彼比年伐邾而取兩
邑經不書日今僖之于文父子異人特言謹而日之者以
文公是不肖之君襚主逆祀取邑致討不得序列於諸侯
譏其過而改故録日以見惡僖雖伐邾才始一度又是作
頌賢君故与文異也　因伐邾之師　宋人殺其大夫
釋曰公羊以為三世內娶使若无大夫故不書名左氏以
為無罪故不昏名今此傳直云稱人以殺誅有罪也則謂
此被殺者為有罪故稱名以殺仍未辯不稱名所由案僖
公二十五年宋殺其大夫傳曰其不稱名姓以其所祖之
位尊之也此傳云誅有罪也又經稱宋人則与彼異蓋成

公王臣新卒昭公杵臼未即位国内無君故不称名氏從未命大夫例故八年鄭釋廢疾亦以此為死君若然兩下相殺春秋不書又不得言其此昼殺大夫而云死君者以受命於嗣天子是以言其孤未畢喪故死名氏八年晉司馬官也者彼雖実有是君而不重爪牙死君人之度故經晉司馬傳以死君釋之鄭玄云亦為上下俱失罪臣以權寵逼君故称人以殺君以非理殺臣故著言司馬不称名者以其世在祖之位尊亦與僖二十五年宋殺其大夫同是其說也　注諱使若云云　旧說使若扈之盟都不可者謂後十五年亦不序諸侯探解下文故云都也今為范解諸侯不序之意魯諱其不亨故揔言諸侯佀　扈之盟之諸侯都不可知非是探解下文始称都也　傳蒞位也

重發傳者以徐伐莒而往涖盟嫌非兩国交盟之例故盟
之也　八年　公子遂　再称公子者若下文直言遂恐
爲継事之辞兩名不辨故重言公子以詳　傳謹而日之
也　襄二十三年冬十月乙亥臧孫紇出奔邾傳曰其日
正臧孫紇之出也范云正其有罪彼云正其有罪則此亦
正其有罪兩處發傳者此其如非如其復非復臧孫則实
奔嫌其意異故舉二者以包其余成十六年冬十月乙亥
叔孫僑如出奔斉亦同此例故復發之若然僑如亦是有
罪書日亦以包之於彼注引徐邈云礼大夫去君歸其宗
庙不絶其紀雖出奔而君遇之不失正故詳而日之明有
恩乂也與此異者書日之乂有二種之意也一為正罪二
為兼君恩知者以閔二年公子慶父出奔莒文承九月之

下而不書日傳稱慶父不復見矣明罪重合誅故去日以見恩絕則昬日者有恩可知以此推之歸父公子慭不昬之從例可知也然歸父有罪非成公逐之者歸父未嫡立庶冝出不長魯人逐之実得其罪但惡成公逐父之使再不言歸父无罪也　傳來奔至接我也重發傳者嫌奔未異也來奔不言出發傳於此者以是來奔之始故發之子哀不發者從此例可知　九年　注在喪尤甚　求賻亦在喪不言亦甚者在喪有賻无金故求賻比求金為輕求車不在喪又可以求賻故傳云求車猶可譏云在喪求金尤甚　傳今大至言之也　不發於桓九年者內之如京師始於此故發之於季姬非魯女故彼妃不發雖畧不發傳亦同此可知也　傳天子云云　重發傳者桓王七年

始葬襄公則七年而葬嬿異故重發之也　注王室至會
葬　魯不會葬則無由得書而云王室微弱諸侯無復往
會葬者天子志崩不志葬而又書日是不葬之辞故知諸
侯無復往會葬也其實魯卿往會始書若不會則不當書
故春秋之世有十二王志崩者有九書葬者唯五耳良由
王室不赴諸侯不會故也志崩有九者平王桓王襄王惠
王匡王簡王定王灵王景王是也書葬有五者桓王襄王
匡王簡王景王是也其莊王僖王傾王三者不志崩為不
赴故也然則天子不合書葬魯史書之者欲見周室之衰
不得備礼而葬因遣使往會則録之若不遣使則葬不明
故不録也傳稱不志葬者揔治平之日正法言之也　注
夫人至之過　范氏例云夫人行有十二例時此致而書

月者蓋以非礼而至故書月以刺之余不書月者當條皆
條皆有義耳夫人行十二者文姜七如斉再如莒是九也
夫人姜氏會斉侯於陽谷十也夫人姜氏會斉侯於卞十
十一也并数此夫人姜氏是十二也徐邈云卑以尊致者
文公娶斉大夫女為妻故逆姜氏不称夫人令致夫人礼
與逆自違故疾公也范云夫人行例不致乃以君礼致刺
公寵之過則與徐異也　癸酉地震　范例云地震五例
日故此亦日也何休徐邈云由公子遂除為陽行事政之
所致今范引谷梁說曰大臣盛將動有所变則与二說同
理亦無妨　傳楚無至之也既寖之而書名所以不称氏
者公羊傳云許夷狄者不一而足理或然也　十年　注
楚本云云　国語與楚世家文也　十一年　傳直敗云

云　釋曰公子友與莒挐戰唯二人相敵亦是直敗一人彼言帥師此不言者季子與莒挐並將軍衆而行之雖決勝負以其俱有徒衆故經書帥師令叔孫與魯之衆止敵一人故但言敗不言帥師也　注五丈四尺春秋考異郵云兄弟三人各長百尺别之国欲為君何休亦云長百尺范云五丈四尺者讖緯之書不可悉信以此傳云身橫九畝故知是五丈四尺也杜預注左氏云三丈准約国語仲尼稱焦僥長三尺大者不過数之十非經正文故范所不信注高三尺三寸知者考工記云兵車之廣六尺有六寸又以廣之半為之軾崇是軾高從上而下去車版三尺三寸橫施一木名之曰軾也　傳曰古至諱也　或以春秋本自不經何諱之有谷梁以不重創為諱其理非也

令　然者以長狄兄弟更害中国禍害爲深得臣
乃於一時而標名於万代其庸大矣若其不諱何以不書
且晉獲潞子尚書於經魯獲長狄棄棄而不録詳內略外之
義豈其然哉知内諱之言為得其実也傳其之云云　釋
曰公羊傳云兄弟三人一者之齐一者之魯一者之晉何
休云三国各欲為君象周衰礼義廢魯成就周道之国齐
晉霸者之后此三国為後欲見中国皆為夷狄之行岂雠
不從何説理亦无妨　傳未知其云云　之魯者叔孫得
臣殺之之齐者王子成父殺之謂其之晉者史傳不記未
之殺者姓名是誰也　十二年　傳公之母姊妹也　傳
稱其曰子叔姬貴之也公之母姊妹也則侶稱子以明貴
是其録其卒未必由公之母姊妹上下意乗者上傳云公

之母姊妹鮮其称子所由明貴則書卒賤乃不録也下傳
云許嫁以卒之也欲見其雖貴非許嫁不書上下二傳足
成非常也許嫁乃書卒者以其即貴之漸故也徐邈云上
傳云子叔姬者杞夫人見出故不言杞下傳云許嫁者言
是别女非杞叔姬也理亦足通未知范意然否　注禮二
至之礼　先儒多以周礼媒氏三之十男二十之女限以
年數故范引譙周以為證下取礼文以為早嫁之驗或以
夫淑者若文王之取大姒是也若以方類者左傳称鄭世
子忽云斉大非吾偶是也此又士大夫之礼者謂喪服所
言多陳士大夫之礼猶不待二十明諸侯以上早取礼在不
疑也案尚書無金縢成王十五而冠故彼鄭注云天子諸
侯十二而冠成王此年十五於礼已而冠而爵弁者承成天變

故降服也今譙成王十五而冠著在金縢者先儒鄭玄之
徒約大帶(戴)礼以為文王崩之明年成王始生文王年十五
生武王文王九十七而終則終時武王年八十三矣崩之
明年武王年八十四也武王九十三而終則武王崩時成
王年十歲可知耳周公攝政必在除喪之從(後)是周公初攝
政之時成王十二金縢称始欲攝政即群叔流言周公居
東二年罪人斯得秉前之年是成王十四年秋始感大風
之變王與大夫盡弁以啟金縢之書是始金縢時成王年
十五又書傳云四年建侯衛則周公復居攝四年作康誥
也又書傳云天子年十八称孟侯作康誥之時成王称孟
侯則成王年十八矣周公居攝四年成王十八年自然
居金縢迎周公之時成王十五故譙周亦以居金縢時為

成王年十五尚書特云王與大夫盡弁明則始冠之年故云十五而冠著在金滕也鄭云天子諸侯十二而冠者約左傳魯襄公之年耳更无正王可擬故范亦不從 傳不言至畧之也 七年戰於令狐十年秦伐晉此年又戰河曲是敵也傳言有難也 凡城之志皆譏令傳云有難則似无譏者傳本有難不是辭譏与不譏直釋其率師之意耳但此城得時又畏莒爭鄆書雖是譏情義通許故傳以有難釋之不言譏之意也 十三年 陳侯朔卒 世本是陳共公也 邾子蘧篨卒 左傳是文公也 傳有壞道也高者有崩道下者有壞道既言有壞道而昏之者不脩也言魯若繕脩之豈有敗壞之理故書以譏不敬也成五年梁山崩傳云高者有崩道山有崩道又不可繕脩之

物而亦書之者刺人君无德而致天灾合山崩河湧怪異之大故亦書之然山高称崩屋下言壞而予称礼壞樂崩釋云通言之者以礼樂无高下之殊故知通知之 注爾雅云云 此下注所引並爾雅釋宫之言有東西廂者謂有大室也傳知周公曰大庿伯禽曰大室群公曰宫者礼記名堂位云季夏六月以禘礼記周公於大庿哀三年桓宫僖宫災是周公稱大庿群公称宫此經別言大室明是伯禽庿公羊傳爲世室言世世不毁世與大意亦同耳

傳君親割 徐邈云禮記曰君执鸞刀而封牲是也然彼據初殺牲之時非是割牲之事徐言非也 傳還者至畢也知自晋是事畢者以其與致文同故知是事畢傳知还是事未畢者以未至国都而鄭伯會公于斐故知是未畢

春秋上下書还者有四莊八年秋師还傳曰遯也今自晉為事未畢而言嬀不得如彼例故復發傳宣十八年歸父还自晉嬀君臣異故復發事未畢之文宣十九年晉士匄帥師侵齊聞齊侯卒乃嬀还外內異故亦復發傳云事未畢也还例有四莊別然云三者皆直据內為三不數外臣故也

十四年

齊侯潘有二世家及世本是齊昭公也

傳同外楚也

春秋書同盟非一傳或有失亦有不釋就不釋之內辭又不同所以然者莊公之世二盟之盟于時楚國未彊齊桓初霸直取同尊周室而已故傳云同尊周也及邵陵首止之徒楚不敢與爭褒大齊桓故不復言同當文公時楚人強盛而中國畏之令同盟詳心外楚不復直能尊周室而已故傳釋之云同外楚也斷道書同傳

云外楚也則清丘亦是外楚故傳省文也本断道以包上
下則蟲牢馬陵蒲之与戚柯陵虚朾之類亦是省文可知
同盟雞澤復發傳者楚人轉盛中国之外彌甚故更發之
則戲盟及京城重丘之等亦其义也平丘文重發外楚之
之文者平丘以下中国微弱外楚之事尽於平丘從此以
後不復能外故發傳以終之也　傳微之也　不言貶之
者以非專悪之也故傳言微之而已　傳其地於外也
釋曰此与公孫嬰斉卒于貍蜃傳皆釋之宣八年仲遂卒
于垂而傳不釋者此公孫敖卒于斉之国内故傳釋之曰
其地於外也明在他国而卒公孫嬰斉卒在魯境内故傳
釋之曰其地未逾竟明非他国也二者既已發傳垂是斉
地非是国都又非魯竟内在两端之間故不復釋之归

傳不以嫌代嫡也　左氏以舍是昭公之子夫人生
而范云舍不宜立有不正之嫌以斉云不以嫡而舍
不正又舍卒不日亦非正之驗傳舍之至君也例凡弑
君書日以明正不繫於成君者會是无成亦不合書日
而云未成君者春秋不正見者雖成日　斉侯小
白鄭伯突是也今人是不欲以嫌代嫌　不去公子則
舍不正之嫌前已著見不正已見例當者日為未成君固
不日耳　傳失之也　經言宋子哀傳云失之也者旧解
失之者謂其未達称子之意案范云言失其不知何人則
不得云失其稱子之意蓋失之者謂寔知子哀是宋知大
夫但不知何是族姓也　傳叔姬同罪　叔姬既与单伯
同罪而經文異执者单伯是天子命大夫魯人遣送叔姬

未至而与之遥王則閭於取人之術魯則失於遣使之宜故經書不叔姬帰于斉既來來斉執之文者使若異罪然所以為諱也明年書斉単伯至自斉亦是諱之之事耳公羊亦不為言斉人執単伯及子叔姬者内辞使若異罪然左氏則云単伯天子大夫為魯請叔姬非谷梁意也　十五年　注泰曰至存善　外大夫來盟書名則是常事而云録名以存善者華孫擅權專国理合変文今得録名即是同於常使失常為悪則得常是善猶左氏称以子輩如斉逆女修先君之好故曰公子亦其類也華孫奉使不称使者以其專故經昏以表之傳云无君之辞也既无君无臣故不得使也　傳前定也　重發傳者不称使嫌異常故也鼓用牲于社莊二十五年傳稱鼓礼也鼓既是礼所

以書之者鼓當於朝今用之於社鼓雖得礼用之失処故書也若然後亦鼓之於社而云礼者彼對用牲是非礼故云鼓礼也其実用諸亦非其処若得其処經不當書耳　晋郤至入蔡　伐入兩舉者伐　而不即入故兩舉之也莊二十八年伐戰兩舉者初伐其音内戰在国都故亦兩舉之也　傳曰鄙遠之也重發傳者以莊十九年三国伐我今斉人獨来嫌異故重明之　注諸侯至畧之　釋曰旧解公獨不與者謂七年扈之盟公不得與故畧言諸侯此與十七年公雖與會諱前不與故亦畧之其意解公獨不與謂七年時也今以謂君獨不與正謂此年公在不與故言公會諸侯今此會盟公全不往故直言諸侯盟于扈而已皆所以為諱也　傳其曰至免也　来帰者是彰罪之称

而云父母之於子免也者稱子是尊貴之辭雖云來歸以貴辭言之非是有罪之稱故云歎其免也　入其郛　公羊傳云郛者何郭也此不發傳者春秋唯有此事而已非例所及故略之也　十六年　注行父至内辭　以行父失辭之故爲齊侯所非外得其所拒内失其志春秋惡父行之失命故得内辭也　注每月至其年　三朝記云周衰天子不班朔于天下此云班朔者正揔周末全不能班之此時尚或班或不班故下傳云以公爲厭政以甚矣范云天子班朔而公不視是也知是二月不視朔至五月者以經書五月公四不視朔若從五月以後數之則公視或不視何得預言四不視朔知從二月至五月爲四也又云是後視朔之礼遂廢而經直云公四不視朔者左氏以爲

此獨書公四不視朔者以表公実有疾非詐齐也公羊為
此公有疾猶可言无疾則不可言谷梁文虽不明蓋後此
一譏之悪足見其余不復譏也　傳以文至道矣　春秋
謂尊親者諱而奉其多失道者仲尼之脩春秋所以示法
有罪皆諱何見已其貶故桓公殺逆之主罪无遺漏亦
其比也至於書經文不委曲則亦是諱何者文実逆祀而
云躋僖文從後多不視朔直言四不視朔而已文称毀泉
台則嫌似其眘太是亦臣子為尊親諱之义也然取二邑
大室屋壊不与盟亦是失道注不言之者云云之類足
以包之也公羊以為泉台者是莊公所築郎台也左氏与
此傳並不显言或如公羊之說也　注泰曰至人也　称
人衆辭莊十七年傳文称国以弑其君君悪甚矣成十八

年傳文十七年　注言諸至年同　釋曰彼為公不會晉
言諸侯則此亦然也十八年台下非正也　非正與僖同
發之者僖是小寢此則台下嫌異故發之　注禮大夫為
卿介　釋曰聘禮卿出於大夫為上介士為末介是也
注子赤至之稱　公羊傳稱君薨稱子某既葬稱子踰年
稱君今子赤文公既葬而云子卒是既葬之稱也　傳惡
宣公也　注并言敬嬴者注意欲明宣公是敬嬴所生是
非惡敬嬴也日解宣公不使其母奉養姜氏故言之理亦
通也　傳姪娣至緩帶　上文直云姪娣者所以分別尊
卑明夫人須媵妾之意下文總言緩帶者欲見有子則喜
樂之情均貴賤之意苐今宣公為人君不尊貴姜氏亦緩
帶之謂也緩帶者優游之稱也　注若並至惡之　宣以

庶子簒立非閔就夷已云宣不能奉養哀姜則是非矣之事故云非矣之謂也　注傳例至甚矣　釋曰注引傳例者嫌小国无大夫例不称臣名明試逆事重不從凡常大夫之例也旧解称国者謂惡於国人并霍及卿大夫称人者謂失心於民庶也此乃涉於賈逵之説擿十六年范注則似不然

春秋穀梁疏巻第六

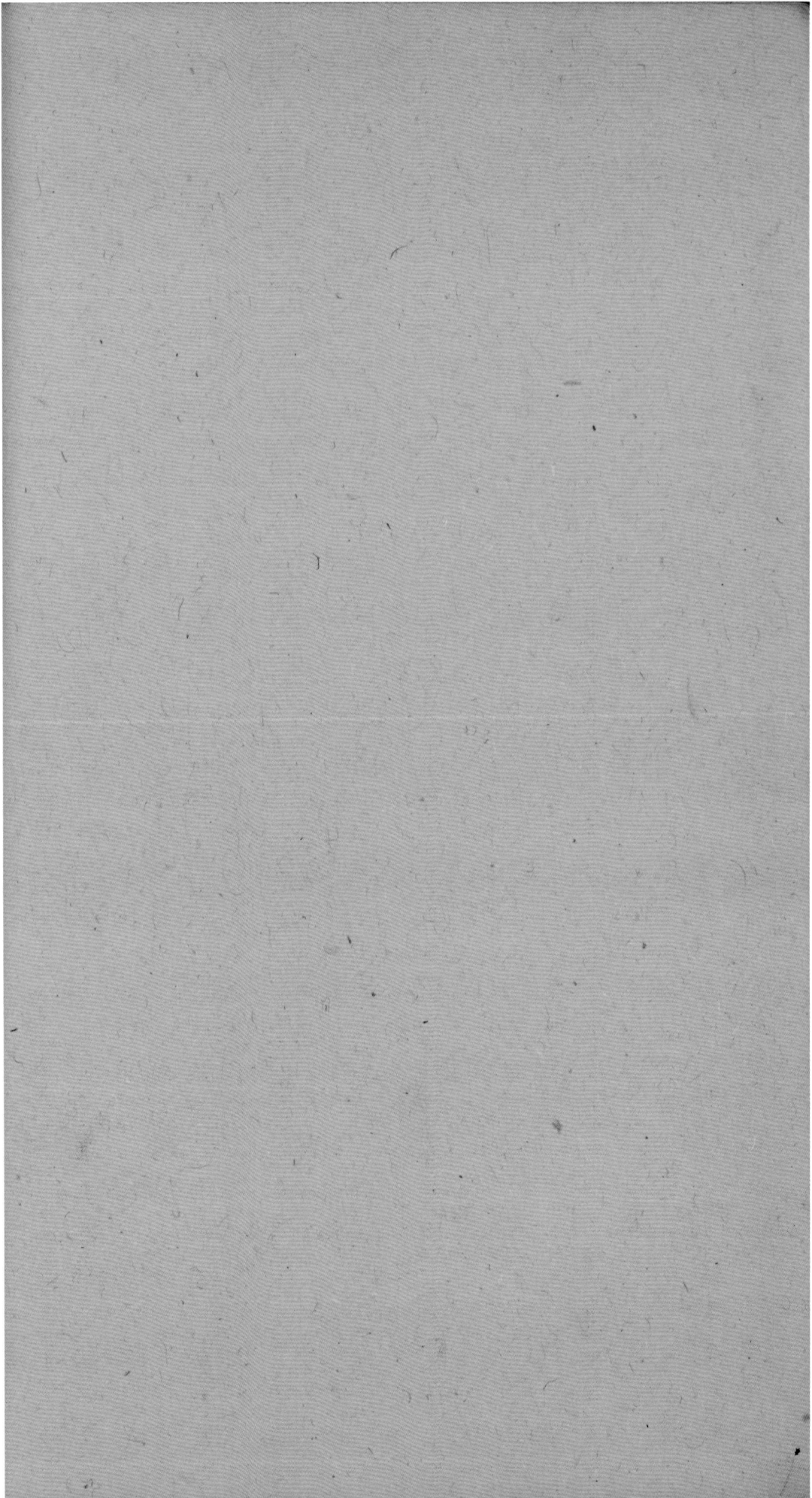

# 春秋穀梁疏卷第七

宣公

唐國子四門助楊　士勛

魯世家宣公名倭文公之子子赤庶兄以周匡王五年即位謚法善問周達曰宣　元年　傳繼故至故也　釋曰重發傳者桓公篡成君宣公篡未踰年君嫌異故發之　注桓三云云　釋曰引彼傳例者嫌譏喪例不責親迎故引傳例以明之　注夫人至有貶　婚礼遅速由於夫家陽唱陰和固是其礼而責夫人者一礼不被貞女不行夫人姜氏若其不行公得无喪娶之譏夫人无茍從之咎故責之　傳其曰云云　傳重言此者嫌喪取辭略并不明与陳人之婦同也　遂之挈由上致之也　釋曰挈者謂去氏族而直舉名徐邈以挈為牽非也　左氏以為遂不稱公

子者尊夫人也公羊以為遂不言公子者一事而再見從省文此傳云由上致之是與二傳異也此注云上謂宣公昭公二十四年婼至自晉注云上謂宗廟也者釋有二家其一云礼夫人三月始見宗廟遂与僑如之致由君而已故知上為宣公成公也婼被執而反理當告廟故知上謂宗廟也又一釋二者互文也以相通見廟之時君称臣之名以告宗廟則二者皆當舉名故此云宣公彼云宗廟亦是昭公告之可知此宣公亦是告宗廟明矣婼与意如俱為被執而致傳釋有異辭者意如訴公於晉婼則无罪故傳不同也此已發傳僑如又發之者此喪取彼非喪取嫌異故重明之　傳称國至罪也　范別例云放大夫凡有三晉放胥甲父昭八年楚放公子招二哀三年蔡人放公

孫獵三也此云稱国以殺殺无罪也則称蔡人者是殺有罪也若然招殺　偃師則招亦有罪不称楚人者以上有楚師滅陳之文故不復出楚人又招有罪自明故不待更称楚人也　注離會故不致　不引傳例者此宣自應例悪无所嫌疑故也傳内不至斉也　昭二十五年斉侯取鄆傳曰取易辞也哀八年斉人取讙及闡傳曰悪内也所以三發傳不同者内不合言取今言取是違例之閒宜在於始魯人不得已而賂之取雖易而我难之故直云授之昭公失国之君終身喜公得邑故以易辞書哀公犯斉陵邾而伐喪邑易辞之也傳以明悪内之理未显故特言悪内其実皆是易辞也　傳喜救陳也　釋曰何嫌非善而言之者陳近楚属晋嫌救之非善故傳釋之又救之者為

善所以駁鄭之過也　傳以其大之也襄二年晉師宋師
衛甯殖侵鄭注云不昏晉宋之將以慢其伐人之喪彼稱
師言惡晉宋此稱師云大之者稱師之义不在一方言師
雖同善惡有别所謂春秋不嫌同文此之謂也齐救刑惡
不及事楚子滅蔡滅非其罪晉宋伐喪失匍匐之义故皆
貶之稱師今趙盾伐鄭以救陳宋故經别数諸侯而殊大
之明稱師者以善也　傳于棐至美也　釋曰桓十五
年公會諸侯于袲伐鄭傳曰地而後伐疑辭也非其疑也
此傳既頁疑辭也又云則着其美也者此文雖會袲同其
理則異何者以其列数諸侯而會趙盾則詳其會地亦善
可知也　傳所以救宋也　釋鄭所以救宋經不言救宋
者以上有楚子鄭人侵陳遂侵宋之文今云晉人宋人伐

鄭明救宋可知故不言之也知非救理　陳之文
已見故楚伐宋宋得出而自救者伐宋者不攻都城故得
出師助晋也　二年　注華元至獲之　華元得衆故不
得於鄭獲之然則鄭侯失民亦言獲者晋侯雖失衆　諸
侯無相獲之道故亦不與秦獲也徐邈云獲是不與之辭
與者當稱得也故定九年得宝玉大弓是也然則弓玉与
人不類徐言非也何休云華元繫宋者明恥辱及国案齊国
昏陳夏齧皆繫国則是史之常辭非有異文也　注礼
三至敢去　三諫不听則去待放於竟三年公羊傳文公
賜之环則还賜之玦則往罰卿昏有其事易曰繫用徽纆
示于叢棘三歳不得凶者易坎卦上六爻辭但易本繼作
係陸德明云寘置也王弼云險陗之極不可升也嚴法峻

整难可犯也冝其因執寘于辭過之地三歲險道之夷也險終乃反故三歲不得自修三歲乃可以求復故曰三歲不得凶也馬融云嶶纆索也陸德明云三糾繩曰嶶三糾曰纆刘表云三股為嶶两股為纆　傳曰於至之至　釋曰趙盾与許止加弑是同而許君書葬晋灵公不書葬者許止失嘗藥之罪軽故書葬以赦止趙盾不討賊之罪重故不書晋侯葬明盾罪不可原也春秋必加弑於此二人者所以見忠孝之至故也忠孝不至則加悪名欲使忠臣覩之不敢惜力孝子見之所以尽心是将来之遠防也

三年　傳緩辭也　此之為緩辭則成七年不言之為急辭也　旧解范氏别例云凡三十五范既摠為例　言之者並是緩辭也傳於執衛侯云言之緩辭也則云不余不發

亦緩可知耳公喪在外逆之緩也衛侯之弟鱄秦伯之弟
鍼寺称之者取其緩之得逃其敗六国云之者取其六国
同後而不急于軍事也秉奚斉称之者緩于成君也考仲
子宫言之者隱孫而修之緩也日食言之者不知之緩也
則自余並緩耳理雖迂誕旧説既然不可致詰故今亦從
之　改卜云云　公羊傳在改卜者帝牲不吉則引社稷
牲而卜之其帝牲在於滌宮又〔三〕無〔月〕郊〔於〕稷者唯具視其身体
无災害而已不特養於滌宮又云郊必以其祖配者自内
出者无匹不行自外至者无主不止今改卜者取于稷牛
則未傳審意如何以后稷配郊必與公羊異也不言免牛
而云不郊者牛死不行免牛之礼故直言不郊也　傳乃
者至辞也　重發傳者嫌牛死于卜郊不從異也　四年

傳平者成也　旧解以莒不肯平公伐莒取向莒人彌復怨郯郯之与莒方為怨悪乃是成就亂事故訓之為成注无此意恐非也　注以義至可也　釋曰傳稱伐猶可是非正与辞注云義兵者擬其討不直故云義兵也義兵之道不足傳故云猶可也　秦伯稻卒　世本秦共公也

五年　傳諸侯至称也　莒慶已發傳今重發之者莒慶小国之大夫高国齐之尊卿而取公之同母姊妹嫌待之礼殊故發傳明其不異也徐邈云傳言吾子是宣公女也理亦通耳　叔孫得臣卒隱元年傳曰大夫不日卒悪也今叔孫得臣不日卒亦悪可知矣何休云知公子遂弑君而匿情不未言審范意亦然以否　傳及者至姬也　經既言高固及子叔　明矣傳何須更言及吾子叔姬

也者傳方欲解及　礼故上張其文也　注故晉及
以明非礼　桓十八年濼之會去及為非礼此書及為非
礼者公與夫人之行須言及以別尊卑故云及夫人姜氏
會齊侯於陽谷言及濼之會以夫人之伉不言及故知去
反為非礼今叔姬歸寧當矣以獨來為文高固奉命宜云來
聘經揔之言知來書及為非礼　六年　傳不正至師也
傳例將軍卑師衆曰師將尊師少言將成三年晉郤克衛
孫良夫伐廧咎如彼非是敗前事亦言師師此不正言其
敗前事故不与師師者凡常晉經自依將之尊卑師之多
少之利趙盾元年師師救陳今直書名而已明是惡敗前事
故不與師師也郤克良夫前无師師之文故知從將尊師
少例耳　七年　傳來盟至不日　此重發傳者宋華孫

不稱使此則稱使嬀異故重發之言不日揔成三年及荀庚盟有日故發問也　八年　注蓋有疾而還　以下有卒故知有疾也傳亡乎人之辭也　重發傳者此乃復是事畢之文其實未畢嬀亐他例異故重明之此云乃者亡乎人之辭也定十五年傳以為急辭也者乃有二义故也此魯使不得其人言乃以責之公孫敖亦是失命不言乃者此以疾而反有可責之理故言乃復以譏之敖棄命奔莒元来未去不足可責乃非文所尽故不言乃也　注祭于遂卒　注言此者解經仲遂之卒繫祭廟之意也仲遂有罪而亦言昏日者宣公与遂同罪猶定公不惡意如而書日也或當辛巳自為祭廟不為仲遂也　案公羊當桓世无罪則不去公子仲遂非宣惡人而去公子者羣非

桓罪人　故生有去公子之号仲遂於宣雖則无罪死者人
之終若不去公子嫌其无全罪狀故去之若然何以不去
日者既替其尊号則罪已明故不假去日也傳稱公弟叔
仲夷也遂非矣而稱仲者杜預云時君所加何休云稱仲
者起嬰齊所氏范雖不注理未必然蓋以遂見疏而去父
子疑不可單稱遂卒遂於後以仲為氏故稱仲遂卒也然
仲遂以罪見疏即見是罪惡之臣而譏宣公不廢繹者宣
公與之遂同繹祭之時則內舜三繹而為之故所以譏也
傳猶者至賓也　且曰猶明日也何休云繹者繼昨日事
但不灌地降神耳天子諸侯曰繹大夫曰賓尸士曰宴尸
則天子以卿為之諸侯則以大夫為之卿大夫以孫為之
夏立尸殷坐尸周旅酬六尸唯士　宴尸与先儒少異則范

意或於何同也案少牢饋食之礼卿大夫當日賓尸天子
諸侯明日賓尸者天子諸侯礼大故異日為之卿大夫以
不礼小故當日即行其三代之盟者案爾雅云夏日復胙
商曰彤周曰繹是也為之復胙者復前日之礼也謂之彤
者彤是不絶之意也謂之繹者繹陳昨日之礼也何休又
云礼大夫死為廢一時之祭有事於庙而聞之者去樂卒
事而聞之者廢繹今魯不以為譏范意當亦然也　注文
夫至風同哀姜有罪故僖成其母為夫人今姜氏子殺故
身出奔自无罪則須熊成喪不是同例而云成風同者礼
妾子為君其母不得称夫人以二者俱非正礼故云同耳
非謂意尽同也谷梁以成風　貶故曰妾子雖為君其母
不得称夫人則襄公以其母定似為夫人亦　也然成

風再敗自外不識者從一識故也案文十八年　宣母
敬嬴此云頃熊者一人有兩号故也　傳葬既至制也
旧解案礼庶人懸封窆不為雨止明天子諸侯不觸雨而
行可知也傳言不為雨止者謂不得止窆事而更卜遠日
喪不至也者謂不得臨雨而制喪事豈有諸侯執紼者五
百人安得觸雨而行哉是徐邈之說理之不通合案傳文
云雨不克葬喪不以制也是窆為雨止喪事不以礼制也
上文云葬既有日不為雨止礼也明為雨止則非礼可知
安得云傳　窆為雨止乎又且范引徐邈之注不言其非
則是從徐說矣何為述范义而違之哉　注徐邈至久次
未及已丑而却期者謂雨之於窆皆是已丑之日也若未
及已丑之日而遇雨其葬期在卻者何為逆昏已丑日葬

也士喪礼有潦車載蓑笠者毛詩傳云蓑所以備雨笠所以禦暑是也　傳而緩辭也　釋曰言緩辭也者　此日中克葬足乎日故云緩也定十五年日下稷乃克葬故云乃急辭也是二文相緩急故公羊傳云曷為或言而或言乃乃難乎而也是二文相對也　九年　注有毋至非礼經无異文者傳例云如往月危往也此朝昏月即是非礼之異文也　秋取根牟　公羊傳曰根牟者何邾婁之邑也曷為不繫乎邾婁諱亟也謂毋喪未期而取邑故諱不繫邾婁也若言諱不繫邾婁居毋之喪縱非邾邑非容无諱或當如左傳以根牟為国名　注外為至竟也　諸侯之国皆以侵伐會盟見　經既无文而疑是国者周有千八百諸侯今盟會伐見春秋者不過數十而已操危傳若

不發焉知非国也曲棘不釋者双名也去国遠矣故不假
釋邢鄍郚以三言為名故傳釋之為国也晋侯黒臀不書
葬者旧解以為簒立故也今案黒臀既書日卒未必簒立
盖魯不會故不書也　十年　傳不言至受之　決定十
年斉人来帰鄆讙亀陰之田言来也　注閏有常体　閏
月所在无常言而有常体者閏是附月之余文承前月是
无体之常不謂所在有常　注月者至速起　知非為斉
師伐滕帰父如斉宋師伐滕外事也帰父之聘輕也諸侯
時葬正也月葬故也今上有斉遂崔氏之文又非五月而
葬明書月者為葬惠公也　傳其曰至尊之也　傳知称
子是尊之也者此言王季子即是大子之母弟子者人之
貴称故知称子為尊之也叔服以庶子為大夫故直称字

而不繫王也卒稱王子虎者卒當稱名故繫王言之
十一年　傳不言及外狄也　哀十三年公會晉侯及吴
子于黄池注云及者書尊及卑也是言及所以外吴何得
此傳云不言及外狄者黄池之會歃同吴子於諸侯故直
傳云及吴子不云會吴此不言及是外狄故云會狄云不及
狄是不言及爲外狄也若不外當云晉侯及狄會於攢函
然隱三年齊侯鄭伯盟于石門不言及同吴於諸侯而云
及吴子者不可全同中国故不言及以别尊卑也
注變楚至謹之　經直言楚人知是楚子者下云楚子入
陳明知此為討賊故變楚子言人也其月謹之者不能
自討藉楚之力禍害必深故書月為謹之　傳入惡入

者也　上文美楚子入今又惡之者前為討舒討得其
罪故變文以美之今為納二子失其所故曰入以惡之
納公至於陳　麋信云二子不繫陳者以其淫亂明絶之
也或當上有入陳之文下云于陳故省文耳死義例　十
二年　注傳例至不嬪　失德不葬昭十三年傳文君弑
賊不討不書葬以罪下也隱十一年傳文日卒時葬正也
襄七年傳文案徵舒之弑靈公在十年五月至此才二十
一月而注云踰三年者諸侯五月而葬今踰五月至三年
故曰踰也非日月小有前卻者未五月謂之前過五月謂
之卻言葬有前卻則書月以見危今三年始塟是小有前
卻故書時不嬪也　夏~~五~~六月至于邲　公羊傳稱荀林父
稱名氏先楚子者惡林父也若然城濮之戰後子玉當是

善子玉乎徐邈云先林父者內晉而外楚是也　傳曰其
其事敗也　旧解此戰事書日者為敗之故也特於此發
之者二国兵衆不同小国之戰故特發之徐邈云於此發
傳者深明中国大敗於彊楚也今以日為語辭亦足通也
但旧解爲日月之日疑不敢質故皆存耳　戊寅楚子滅
蕭書日者徐邈云蕭君有吳德故書也日何休云責楚滅
人国故書日若擇善而從則徐言於傳例合也　衛人救
陳　不言善者衛宋同盟外楚反今救陳不足可善故傳
不釋　十三年　晉殺其大夫先縠　此雖無傳於例為
殺无罪也　十四年　秋九月楚子圍宋　徐邈云圍例
時此圍以故書月以惡之也何休亦然范意或當不異也
十五年　夏五月宋人及楚人平　重發傳者嫌內外

異也　中国日者謂衛滅許之類也是畢國月者謂無駭
入極斉侯滅萊之類是也夷狄不日者楚滅江吴滅州来
之類是也此不云夷狄時而云不日者方釋潞子嬰兒書
日之意故不云夷狄時也夷狄不日宜從下為文勢嬰兒
為賢書日復称名者書日以表其賢書名以見滅国所謂
善悪怕夆也　初税畒　徐邈曰藉借也謂借民分治公
田不税民之私也覌范之注以藉為賦藉理亦通從徐之
言義无妨也　何休云宣公无恩信於邑民不肯尽力治
公田故公家履践案行擇其善畒谷再好者税取之故曰
履畒徐邈以為除去公田之外又税私田之十一也傳称
以公之與民為已悉矣則徐言是也　損為減損也五菜
者世所謂五辛之菜也何休又云古者井田之法一夫一

婦受田百畝身與父母妻子五口以為一戸公田十畝又戸舍二畝半凡為田一頃一十二畝半也八家而有九頃故曰井田戸舍在內貴人也公田次之重公也私田在外賤私也若吾之余夫余夫率受田二十五畝半記異聞耳於范氏注亦无所取　十六年傳例滅夷狄時嬰氏以夷昏月故知余邑昏月亦為夷也甲氏畱吁非国而云滅者甲氏畱吁国之大邑而晋尽有之重其事故云滅若晋滅夏陽之類是也畱吁言及者蓋小於甲氏也

夏成周宣謝災　釋曰不京師者尒時成周非京師故也公羊傳云宣謝者何嘗　謝也故范注亦以為宣王之庙也无室曰謝爾　以為爾雅无此文唯云土高曰臺有木謂謝台上有木即是屋也楚語曰榭不過講軍実

臨覌講武以是歌前故云无室曰榭爾雅有之曰本或誤
也又云傳例曰云云者昭九年傳文也　傳周災不至也
釋曰徐邈所拠本云周災至注云重王室也今遍檢范本
並有本字則本得解于徐同也　十七年　注已未亦云
云　釋云十年夏四月丙辰日有食之已已齊侯元卒范
以為丙辰晦之也日已在晦日之下五月之上當是閏
月可知此此文與彼正同明亦閏月之日也　傳同外楚也
釋曰不於清丘發傳者清丘魯不會故重牽以包之也
傳從貴乎春秋　釋曰衛侯之弟鱄云君傳云合於諸春秋
此不去君傳亦取貴於春秋者易稱君子之道或処或黙
或語鱄以衛侯惡而難親恐罪及己故棄之而去使君无
殺臣之惡兄无害弟之愆故得合於春秋此　叔肸以君有

大逆不可受其祿食又是孔懷之親不忍奮飛使君臣之節兩通兄弟之情俱暢故亦取貴於春秋叔肸書字鱄直稱名者內可以明親親外可以厲不軌比鱄也矣乎遠矣故貴之稱字鱄雖合於春秋无大善可應故直書名而已

十八年　注地于繒云云　釋曰據楚子虔誘蔡叔般殺之于申不于国都也　傳夷狄至簡之也　釋曰狄夷不卒擬自此以前吴楚君卒不而書日擬褒　十二年吴子乘卒言之也簡之也者中国卒則日不正乃不日夷狄進久則日不論正與不正故云簡之　傳路寢正寢也　釋曰重發傳者莊擬始故發之　公薨弑有嫌公成承所嫌之下故各發傳也

歸父逐自晋　釋曰執則至歸父非執而書其逐者為

出奔張本也直言不氏者凡致者由上至之故例名今不
書歸父之氏明有致命之義也

春秋穀梁疏卷第七

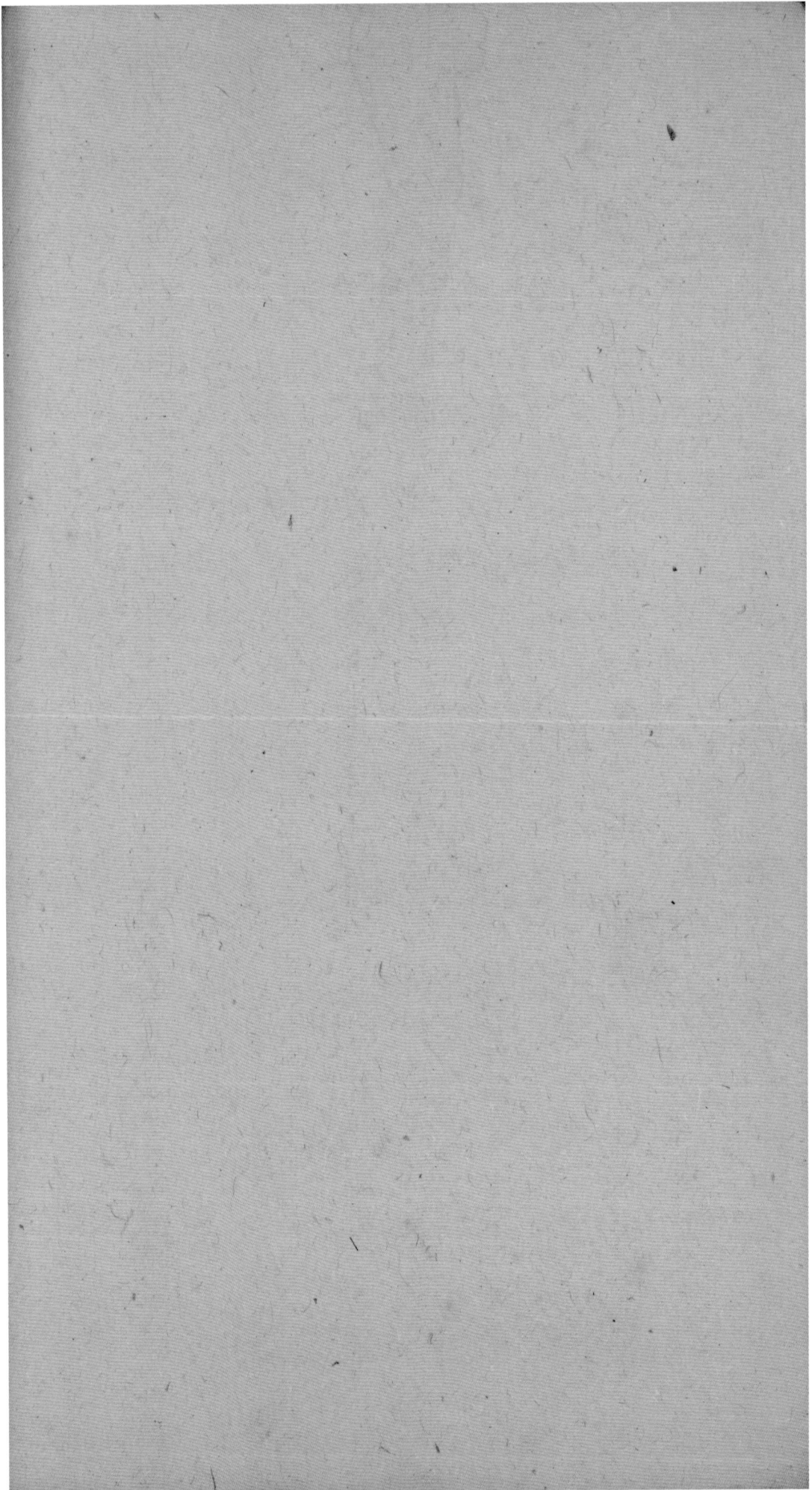

# 春秋穀梁疏卷第八　成公

唐国子四門助教楊士勛撰

魯世家成公名黑肱宣公之子以周定王十七年即位謚法安民立政曰成　元年　無冰　釋曰徐邈何休並云此年無冰者由季孫行父專政之所致也桓十四年亦无冰范云政治舒緩之所致必不得與二説同也又爾時季氏不專政亦无冰明徐何之言不可用　傳終時至辞也　釋曰終時无冰當志謂終寒時无冰當志之也此未終寒時謂今建丑之月是寒時未終而言无冰何也謂怪其書之意也終无冰矣謂過此時无氷則終无冰也加之寒之辞也謂於此月書者以此月是常寒之月加甚之辞故麋信徐邈亦云十二月再（最）為寒甚（盛）之時（故）特於此月書之

是也余无冰不發特於此月發之者襄二十八年書春秋无冰則是一時无冰書時則是終寒時故不發傳此在二月葬宣公之下三月作丘甲之上是未終時故特發之桓十四年无冰在正月之下者旧觧正月自為會公鄭伯不為無冰也或當月却而節前則周之正月亦是常之月

注周二至泳矣　天有四時冬寒夏暑是冬為常寒之月於寒之中有加甚謂建丑是夏之十二月於寒之中又加甚於余月雖未終時亦得於此月書之　三月作丘甲何休云月者重錄之徐邈云甲有使巧非凡民能作而強使作之故月以譏之范雖无注或書月亦是譏公羊說作丘甲亦與此傳同唯左氏傳以為譏重歛　傳作為也後發傳者文同事異不可以一例該之故也范别例云作

例有六直云作者三云新作亦三云作三者謂作丘甲一也作三軍二也作僖公主三也云新作三者謂作新南門一也新延廄二也新作雉門及兩觀三也言作者不必有新言新則無作也二者皆所以為譏故傳曰作為也是有加其度也言新有故是也傳有士民何休云德能居位曰士范云斈習道藝者是以為之四民若以居位則不得為之民故云斈習道藝也　夏臧至赤棘釋曰盟不日者何休云謀結鞌之戰不相負所以不日者執在三年此非所得保也案隱元年眛之盟為七年伐邾尚猶去日何為二年即執反云非此所得保乎蓋謀為鞌戰歸我汶陽之田至八年渝前約故畧之也　秋王至貿戎　左氏以為戎敗之公羊與此亦同為晉敗之今經不云晉敗之者欲見

王者无敵故也不昏月者何休云深正之使若不戰范雖不觧葢不言晋敗及戰故亦畧其日月　傳郤克眇左氏以為跛今云眇者公羊无說未知二傳孰是范明年注云郤克跛者意從左氏故也或以為誤跛當作眇注胥閭門名　釋曰即周礼二十五家也　注脫此六字季孫行父禿是傳乱上脫季孫行父如齊六字　二年癸酉季孫云云徐邈云四大夫不舉重者惡魯猥遣四大夫用兵亦以譏之也然則諸国用兵亦應猥遣何以不具書之葢是用兵重事故詳內也　傳曰云云一案傳例疑戰不日不疑戰則例書曰此傳云日其戰日其悉也者豈使詐戰則魯雖四大夫戰亦不得書但傳以此戰不許昏事宜詳固因經昏日并見此意也　傳曹无大夫　復發

傳者前為崇霸今為戰故重發之公羊以為公子手何以昏憂內也杜解左氏以為備於礼並谷梁意　傳爰婁云云　爰婁去斉五十里今在師之外明晉師已逼到其国師謂晉師也斉為晉所敗兵臨城下然則敗軍之將不可以語勇驚弦之鳥不可以應弓所以更能五戰者斉是大国之邑竟能寛收拾余燼足當諸国之師故請以五也傳楚无至亢也　楚无大夫重發之者屈完當斉桓名氏始見非正例也㮣与冝申二者不見名氏非大夫之例今称公子是貴於称大夫之文故重發之嬰斉之亢又重發者高傒則沒公存氏妃父无氏称名嬰斉則前驕後讓三者皆異故各発之　注斉在云云　知時王出者以秦宋陳衛以下皆称人称人則非卿以其諸侯之大夫俱是微

者必不能自有升降故知時王所黜齊以傲慢以之故師敗於鞍兵臨城下微弱之極故天子因其勢故退人鄭下此乃一時之宜非是常例也知諸侯大夫是微人者傳直怪嬰齊人稱不論諸侯大夫明知並是微者　傳會与云云　同月則地會不地盟者僖二十八年踐土之盟襄十六年溴梁之盟是也不同月則月會盟者昭十三年乎丘之盟定四年皋鼬之盟也　三年　注宋衛至譏之范意雖葬未踰年亦不得成君雖踰年而未葬亦不得成君此云宋衛未葬昏公侯以譏之踰年未葬不得成君此注是也雖葬未踰年不得成君即四年鄭伯伐許注云喪未踰年自同於正君亦譏之是也　甲子　宮　何休云此象宣公簒位當誅絶不宜列之昭穆成公結怨强齊不

得久成宗廟之象也范以天灾难知非人所及故不言之注迫近至謚也　范不擬丹桓宮者傳云迫近不敢称謚言近則宜對遠故擬桓僖言之其丹桓宮以莊公娶父之讎女故特言桓宮以譏莊之不孝也　傳其辭至譏矣不称謚明其恭三日哭著其哀是成公為无譏矣　叔孫至圍棘公羊左氏皆以棘為汶陽之田邑此傳无說事或然也　傳其日至與之也　案傳例前定之盟不日後定之盟則日此云公也者其実盟雖公在位但是前定則不曰後定則曰此其日公故也則後定亦可知矣但以上文聘既接公下文及則公文未显嫌不得再煩尊者忽盟時无公故傳云公以釋之傳又云不言及者則宣七年衛孫良夫來盟是也不言其人者觧此文不書內之名氏是也

又云不言求兩欲之也者言求當直言求盟如孫良夫是也不言來者此云來聘又云及盟是也何者來聘是他求言及我欲也是兩国同欲之文非獨求之稱故云不言求兩欲之也若然上文云來聘而求盟者解二人或本意來聘只為求盟為下不言求張本也　注鄭從至狄之知伐衛之喪又叛諸侯之盟故狄之者昭十二年晉伐鮮虞傳曰不正其余夷狄交伐中国故狄稱之也定四年傳云吴不稱子反其狄道也鄭衛同姓不有弔臨之恩而伐其喪其為惡　　期之甚而亦直舉国稱之明夷狄之行也叛諸侯之盟者旧解以為上文叛晉為諸侯所伐是也及其言伐喪者前年衛侯速卒楚師鄭師侵衛是也不於伐喪貶者其罪不積不足成惡鄭既伐喪背盟一年之中

再加兵於許故於此夷狄之　四年　注喪未至譏之傳於宋襄起喪稱之例則諸侯亦同之可知故上下經文宋衛陳皆有子稱鄭是伯爵與侯同於七年明在喪之稱或亦與侯同也左氏之例唯云公侯曰子伯則不入于例與此異也　五年　傳婦人至來歸　范氏云出女例凡三齊人來歸子叔姬一也鄭伯姬來歸二也此杞叔姬來歸三也文別一文十八年夫人姜氏歸於齊為例者出既是同但內外為異故并引之也子叔姬淫而得罪為齊所逐故言齊人來歸今杞叔姬文既與之異故並發傳舉其上下鄭伯姬亦足以相包故不更發之　注梁山晉之望也　詩曰云奕奕梁山是韓国之鎮霍陽韓魏晉之地故云晉也望也　注喪衣云云　礼云素縞者鄭玄云黑經白

縞謂之縞々冠素純以純喪冠故謂之素々縞是祥祭之冠
也今注云素衣縞冠與鄭異也　注謂无継嗣旧說云伯
尊晉之矣大夫輩人晉之隠士今一遇吐誠理难再得伯
尊不能薦之於晉侯以救朝廷之急再切其語而晦其人
蔽矣罪深故被戮絕嗣子夏蚤匿圣人之論能播教於西
河今黑水之人欽其風蒲坂之間受其道其罪先輕故直
喪明　已然此之立說恐非其理何者天道冥昧非人所
知々大至之言意在執世則伯尊之戮未必由蔽賢人之言
卜商喪明豈閔匿圣人之論徒增罪之輕重妄說受罪淺
深據理言之恐非圣矣之旨何休以為梁山崩壅河三日
不流象諸侯失勢王道絕故自是之後六十年之中弑君
十四亡国三十二案此傳說輩者之言竟不論及子諸侯

喪亡之事則何休之言未必通於此也　六年　春王至自會　何休云月者魯使大夫攬齊侯令親相見危之故書月也　傳例至月則危此書月必是危但不知同何説以否或當時有危傳不言之故范亦不解或以爲此許公遠會始至立武宫取鄟皆是危事故致會書月也　立武宫　禮記稱世室此傳云不宜立者礼記周末之書以其廟不毀故謂之世室此以武公之廟毀來已久今復立之故云不宜立范义与此違也何休觧公羊以爲臧孫許伐齊有功故立武宫左氏以爲季文子以鞌之功立武宫拟人雖别同是伐齊谷梁之意亦以勝齊立武宫也　取鄟　隱十年鄭伯伐取之直注云凡書取国皆滅也变滅言取明其易今不言滅鄟是明魯取之易也又惡鄟不倫也凡

書取之例有内外皆有外書取者即徐人取舒是也内昬取者即取鄟是也其内被取邑亦為取齊侯取鄆是也公羊以為鄟是邾之邑與谷梁異　鄭伯費卒　案世本及左氏鄭伯費是鄭悼公不書塟者何休云楚伐鄭喪諸侯不能救晋來書又侵之故去塟使若非伐喪者為中国諱也在隱三年注魯不往會則經亦不書則悼公不書塟者魯不會也　七年　注不言至可知　下傳稱免牲不日不交免牛亦然此言免牛則嫌但不郊故云不言免牛者以方正十郊未可知也　傳不言月急辭也　宣三年交牛之口傷彼言之是緩辭亦不云日此傳云不言日急辭也者案宣三年傳言之是牛自之[傷]緩此言其是鼠食牛之緩二者立文雖異俱是緩辭則辭閑容日亦是緩辭傳

云不言日急辭也此已發例則定十五年哀元年之類不
言日者並是急辭也緩辭不言日者言之既是緩辭可知
故不須更書日以見緩也　傳交牛至盡也　展省察也
言日日皆省察牛之觕角而則知之傷是省察之道盡矣
展道雖盡不能防災禦患至使牛傷是其所以備災之道
不盡是故不言日者以責有司也牛觕云觕者詩稱兕觥
其觕又曰有觕其角是也　傳其緩至過也　解經上文
云鼷鼠食郊牛角不言其此文云又食其角乃更言其故
釋之云其緩辭也曰亡乎人矣亡无也至此郊牛復食乃
知国无賢君非人所不能也謂国无賢君之故為上天之
所災非人力所能禁所以免有司之過也謂經言其者所
以放有司也　傳乃者云云　重發傳者此再食乃免牛

嫌與他例別故重發之　注蓋爲三望起尒　僖三十一年夏四月四卜郊不從乃免牲猶三望彼不云不郊此既云免牛又云不郊者彼免牲與三望同時故畧去不郊之文此春免牛夏乃三望故備言之　傳例云月雩正也時雩非正也非正者其時未窮人力未盡毛澤已竭不雩則不及事故月以明之則經書秋八月雩九月雩是也既過此節秋不書旱則冬无為雨也故鄭釋廢疾去冬及春夏案春秋說考異郵三時唯有禱礼无雨祭之事唯四月龍星見始有常雨耳故因載其禱請山川　方今天旱野无生稼寡人當死百姓何依不敢煩民請命直抚万民以身塞无狀是鄭意亦以不須雩唯有禱請而已　八年注晉為至之由　公羊以為齊侯取舉之後七年不飲酒

不食肉晉侯高其德遂反其所取侵地无雖无傳齊頃是
中平之主安能以一敗之後七年不飲酒食肉乎故以為
晉為盟主還事晉故使魯還二年齊所反之田杜預解左
氏其意亦然　傳於齊緩辭也　僖二十八年晉人執衛
侯歸之于京師傳以言為緩辭也今言歸之于齊為緩辭
者之緩辭自是常例於齊之裡未明故特釋之辭雖不同
亦緩也此以緩辭言之者諱不使制命於我也　注婚礼
至其事　釋曰公羊以為婚禮不稱主人宋公無主婚者
辭窮自命之故公孫寿來納幣稱使紀侯有母履緰受紀
侯之母婦人之命遇不故不稱使案隱二年傳云其不言
使何也逆之道微無足道焉尔挻彼傳文以逆者微无足
道焉尔故不言使則與公羊異覌此注意云宋公无主婚

者自命之故稱使命為毋命之則不稱使似與公羊同而
與傳違者范以紀侯之與宋公皆是無毋宜並稱主人但
納幣是卿之事故稱宋公使也逆女是君之事使大夫非
正故履緰不稱使今此注云婚禮不稱主人亦擬諸侯毋
在者言之又且履緰不稱使大宰言之亦是不稱主人之
事故注言之耳納幣不書其經之所書者三莊公以非禮
書一也公子遂以喪錄二也此為宋伯姬三也范知為宋
姬者公羊傳云納幣不書此何以書爲昏錄伯姬也是為賢
而錄也　傳曰見一稱也　主既是四大之重宜表異號
莫若繫天以眾人畢故稱毋子貴者取貴稱故謂之天子
入春秋以來唯取仁義之稱未表繫天子之尊故曰更見
一稱也公羊傳云其稱天子何元年春王正月正也其餘

皆通矣何休云德合於元者稱皇德合於天者稱帝仁義
合者稱王又云王者取天下歸往也天子者爵稱也聖人
受命皆天所生故謂之天子或言天王或言天子皆相通
也唯賈逵云畿內稱王諸夏稱天王夷狄稱天子其理非
也　衛人來媵　公羊以為媵不合書其書者夷伯姬也
左氏雖无其說蓋以來致於魯然後與嫡行故書之此傳
之意以伯姬為灾而死閔之故書其事是言傳意小異也
注江熙云云　江熙以不得其所為共公失德之无所
据范引之者傳異聞也　九年　傳曰至為之也　公羊
以為魯脅杞使逆其喪左氏以為魯人請之故杞伯來逆
此傳不說歸之所由要叔姬免犯七出之愆反歸父母之
国恩以絕矣杞伯今復逆出妻之喪而還禮傷教言其不

合爲而爲之是以書而記之以見非傳曰夫无逆出妻之喪爲之言其不合爲而爲之也徐邈云為喪也言夫無逆出妻之喪而喪理亦通矣但范不訓爲爲墊也　夏季孫行父如宋致女　釋曰公羊以春秋未有言致女者此其言致女何褒伯姬也左氏无說蓋以使卿則書余不書者或不致或不使卿也此傳云詳其事褒伯姬也則與公羊意同耳徐邈云宋公不親迎故伯姬未順為夫婦故父母使卿致伯姬使成夫婦之礼以其責小礼達大節故傳曰不與內傳称謂不稱夫人而稱女案傳稱褒伯姬而徐云責伯姬是背傳而解之故范以爲謂致勑戒之言於女也注內稱為稱使　案經內大夫出国例言如不言使此季孫行父如宋即是內稱而云不與者凡內卿出外直言如

某者即是使又即是內称今行父称君之命以在家之道
致出嫁之女雖言如以為內称言致女是見其不與也僖
三年公子友如齐涖盟彼亦言如又云涖盟者若直言如
則嫌是單聘故須更言盟也涖盟既須更言盟則致女亦
須言之云不與內称者涖盟是女致女非礼故不合言也
若然傳曰逆者微故致女詳其事宋伯姬也擬傳文似致
女得正而云不云故不與內称者礼諸侯親逆不須致女
令以宋逆者微故致女是傳解其致女之意也云不正故
不與內称也其以在家之道制出嫁之女也其傳之意因
解宋公不親逆并見致女之不正又云宋伯姬者以上下
文詳皆云宋伯姬則此云致女非無宋伯姬也若其不為
宋伯姬則致女雖正亦不書也　傳為親者諱疾　春秋

諱有四事一曰為尊者諱耻二曰為魯諱敗三曰為賢者諱過四曰為同姓諱疾此不言魯者因親者諱疾則文亦包魯可知故不言也圣人有作親疏一也今乃以同姓為别者春秋之意因親疏故仲尼書經内外有别既内外别則親疏尊卑見矣　傳大夫云云　釋曰范别例云凡潰者有四發傳有三僖四年蔡潰傳曰潰之為言上下不相得也此莒潰傳曰大夫潰莒而之楚二者雖同是不相得與君臣不和自潰散小異故亦發傳昭二十九年鄆潰彼鄆是邑與国殊故重發傳一解鄆不伐而自潰常例異故重發之文三年沈潰不發者從例可知也　注潰例至故日　釋曰上云猶中国也故日下文言惡之故謹而日也若使莒非中国雖惡不得日也以潰例月為惡故日是

以云謹而日之范知例月者僖四年春王正月公會齊侯云
云侵蔡蔡潰文三年春王正月叔孫得臣會晉人云云伐沈
沈潰是例月今此莒衆民叛君從楚故變文書日以見惡
楚人入鄆　魯雖有鄆此鄆非魯也蓋從左氏爲莒邑大
都以名通故不繫莒或以爲昭元年取鄆范云魯邑此不繫
莒則魯邑可知理亦通也　傳城中至民也　莊二十九
年冬城諸及防傳曰可城也今云非外民也者已城之志
皆譏就譏之中閑隙之月少耳故云可城又非全善之文
此亦冬城嫌同而无譏故發傳明之旧解以爲有難而新
城則不譏之若文十二年季孫行父城諸及鄆是也此涉
左氏之說案穀梁傳凡城之志皆譏安得有備難之事皆
備難无譏則經本不應書之經既書之明譏例同或以爲

城諸及防是其月故傳發可城之文今此城爲十二月故發外民之傳雖同是譏事有優劣故發傳以異之　十月衛侯至侵鄭　釋曰范荅薄氏駮云諸侯之尊弟兄不得以屬通有美行則書弟今黑背書弟者明亦有無行故也陳侯之弟黄衛侯之弟專秦伯之弟鍼傳无美行所以皆称弟者隱七年齊侯使其弟年來聘傳曰其弟云者以其來接於我舉其貴者也是接我者例称弟襄二十年陳侯之弟光出奔楚昭元年秦伯之弟鍼出奔晉傳皆曰親而奔之惡也襄二十七年衛侯之弟專出奔晉傳云其曰弟何也專有是信者是三者无罪故称弟以惡兄襄三十年天王殺其弟佞夫傳曰甚之也称弟以惡王也昭八年陳侯之弟招殺陳世子偃師傳曰其弟云者親之也親而

殺之惡也是惡而称弟也宣十七年公弟叔肹卒傳曰其曰公弟叔肹賢之也莊三十二年公子牙卒无賢行而不称弟明称弟皆賢也自然黄專之非直罪兄必兼有賢行叔肹以賢行叔行以賢称弟傳有賢行明文則黒背称弟自然有賢行故范准例言之称弟之例有四意齊侯之弟年来聘鄭伯使其弟禦来盟為接我称弟鄭侯之弟專為罪兄称弟齊侯之弟招惡之称弟叔肹及衛侯之弟黒背為賢称弟是有四也　傳亡乎人之辞也　重發傳者嫌五十與四十異故也　注媵伯姬至非礼　何休以為異姓亦得媵故鄭鍼膏肓难之云天子云備百姓博異氣諸侯直云備酒漿何得有異姓在其中是亦以異姓不合媵也此媵不發傳者上詳其事見同姓之得礼異姓非礼何

知故省文　晉侯儒卒　何休云不書葬為捘大夫鄭同
等范雖不解或當魯不會也　十一年　己丑及郤犫盟
釋曰書日者公親在又非前定之盟故也又不云公者
恥夷國與之也　十二年　傳周有云云有入无出注
意十拠天子今不云王而云周者以經雖無王臣入文至
文臣出亦是譏限故言周以揔之范以王者出入之文俱
有故注直言王以當之案僖二十四年傳云雖失天下莫
敢有也謂王雖出鄭不敢有之以為國也此云上雖失之
下孰敢有之謂上雖有不君之失臣下孰敢效放為之观
經直說故二処也今上下皆失之矣謂王既昏出居于鄭
今復云周公出奔晉是上下皆有失也公羊以為昏出者
周公自其私土謂國也左氏以為昏出者已復之周公自

出並與谷梁異也　傳夷狄不日　不於箕後發傳者以
再敗狄師甚之故并於此　十三年　傳乞師乞重辭也
重發傳者公子遂內外之始此外之初故并之也古之
人重師故以乞言之也者古人以師之為重故以重辭言
之古者舊以為谷梁子後代人遠者奉當時之事亦以古
言之徐邈以為引古以刺今耳　傳公如京師云云
僖二十八年五月癸丑日會晉侯云云盟于踐土陳侯如
會公朝於王所被日月並書公朝于王所雖文承五月癸
丑之下彼之日月自為盟不為朝也壬申公朝於王所昏
日此意取日不繫月猶諸侯不宗于天王朝會无危則例
時今公以伐秦過京師非真朝故書月以見意　傳言受
制周也　公子遂如京師遂如晉傳云不叛天子此文重

發傳者嫌君臣異例也　傳曰閔至曰會　諸侯或從會
或從伐皆閔其在外而死故云卒于師于會也卒于師則
此曹伯廬襄十八年曹伯負芻是也卒于會者則定四年
杞伯成卒于會是也僖四年許男新臣亦卒於師不言於
師者彼以內桓師雖卒於外以若在國然故不書於師然則
大夫之卒例所不書而與公同例云在師在會曰會者舊
解以為春秋緣大夫之心則知書君之卒於師則言師於
會則言會非謂外大夫書卒于師若然傳當云大夫也公
不得云大夫且經無其事傳因類發例者其數不少即日
食外壞饑云饉康之等是也彼經無其事傳得因類引之
此雖無經何以為不得又會大夫單伯之徒不書會諸侯
若使卒於師固當書之但無卒於師卒於會者耳故知公

大夫在師曰師謂公及大夫二者皆然也徐邈之注亦以為公及大夫所會諸侯在師言師在會言會明為旧解非也　傳葬時正也　嫌卒于師失正葬故重發之葬正則是无危不日卒者蓋非嫡子為君故也　文僖四年注云新城卒于楚故不日耳則此不日者或當為卒于秦故也若然襄二十六年壬午許男甯卒于楚注云許男卒楚則在外已顯矣日卒明其正二注不同者以无正文二理俱通故為两解或亦新臣非嫡子不須两解理足可通耳　十四年　莒子郱卒　釋曰莒子朱者莒渠丘公今不書葬者莒行夷礼則是失德又葬須称謚夆夷無謚故不書葬也不日卒者何休云入春秋以來至此始書卒故略之不日或當既行夷狄不得同中国故不日或當非正卒无文可

明之　注宣元云云　案宣元春王正月公即位下文即云公子遂如齊逆女彼文承正月之下即與此別而云同者彼雖文承正月之下正月自為即位并文非是為遂逆

女若逆女既蒙上月則下夫人至不須云月案此彼例知彼亦當時也　傳大夫至致之也　公子翬如齊逆女傳

曰不言翬之來何見于公也然則則夫人　於君宜　夫人

而曰非正者逆女親者也使大夫非正也非正而以夫至故刺之彼以先接於公故无至文此使大夫有譏則單

之被責居然显矣不發於宣公逆女於此并之者宣公以

喪娶故畧夫人而不氏一事不二譏故省其文成公非喪

娶而不親迎嫌其罪无故傳明之莊公親迎傳亦譏之者

以娶讎人之女而事宗廟故也由上致之者宣元年注云

上謂宣公此則謂成公也　秦伯卒　世本及左氏是秦
桓公也十五年　傳子由父疏之也　宣十八年公孫歸
父如晋歸父亦襄仲子之何以不疏者卒則身之終今嬰
齊之卒當繼於父父既被疏子亦當畧歸父則奉命出使
使齊之故其名氏以惠録也歸父还不氏者以明由上也
公羊以為仲齊嬰何以不稱公孫為歸父既是兄公孫嬰
齊為歸父後為人後者則為之子故不稱公孫與谷梁異
傳　执曹伯　重發者此执歸于京師嫌晋之无罪故明
之　注僖二十至其罪　衛侯有罪故稱人言执之文歸
之京師令天子决之是伯討之文也又且此傳云以晋侯
而斥执曹伯悪晋侯也称侯以执為悪明稱人以执是伯
討也若然定元年晋人执宋仲幾傳曰此大夫其曰人何

也微之也何為微之不正其執人於尊者之所也不與大夫之持伯討也彼又称人非伯討者彼仲幾雖則逆命當歸之於王之有司今晉大夫執人於尊者之前故地于京師以見尊称人以見微是不与大夫之伯討也伯討冝施諸侯大夫也則不得也左氏以為曹伯殺大子而自立公羊之意曹伯簒晉時拠二傳之文則是有罪范云不以其罪者范以曹伯言執云惡晉侯曹伯之入云歸為善拠此二文言之明執之不以其罪得以公羊左氏為難 注宋共至乱故

葬書時正也注云以時決而以月決之者以葬書時最為正書月有故書日危不得葬今宋共公月猶不得明不葬可知故不以時決之然共公失德所以不全去葬文者為伯姬書葬故不得存共公之葬但書日以表失

德且不全去葬文嫌是魯之不會見以明其失德也　宋
殺其大夫　左氏以為背其族何休注公羊以為譖華元
貶之谷梁無說不知所從　傳會又會外之也　重發傳
者攢函表中之辭鍾離明內外之称故兩發之　十六年
雨木氷　刘向云氷者陰之盛木者少陽卿大夫之象此
是人將有害則陰氣脅木木先寒得雨而氷也是時叔孫
僑而出奔公子偃誅死一曰時晉執季孫行父执公此執
辱之異也徐邈云五行以木為介介甲也木者少陽之精
幼君大臣之象氷者兵之象今氷脅木君臣將見執之異
根枝折者象禍害速至也或曰木氷此木介介者甲也兵
之象也是歲有鄢陵之戰楚子傷目而敗注云兵之象則
或說是也　滕子卒　左氏滕文公　傳曰事云云

僖十五年己卯晦震夷伯之庙傳曰晦冥也則晦非常文
而云遇晦者旧解以為僖十五年傳曰晦冥也者謂月光
盡而夜闇不謂非晦也今以為正夷伯之庙云晦者如
公羊晝日為冥自余稱晦者是月盡日也既云日事遇晦
何以日食不昏晦者日食既言日雖昏不晦可以知故省
之也必知不如公羊以晝為晦冥者上六月丙寅朔日有
食之此甲午是二十九日晦以日月相當知非晝日為冥
也　傳敗則目也　手足偏斷尚謂之敗目在首重於手
足故亦為敗也傳識在諸侯也　不見公者是晉侯之意
諸侯既无解釋之者即是同不与公相見故以諸侯揔之
傳出入不名　凡諸侯有罪失国出書名者即昭三年
北燕伯欵出奔齊是也入書名者即僖二十八年衛侯鄭會

伯襄是也今曾伯被执以其无罪故出入不名見其不失国也傳詳辨于此者以帰文与常例異故分別之　注行父至晋地　昭十三年八月甲戌同盟于平丘公不与盟晋人执季孫意如以帰二十三年春正月叔孫婼如晋癸丑叔鞅卒晋人执我行人叔孫婼彼二文皆承月下即蒙上月文何為此注独為謹而月之者意如之执文承八月之下彼月自為盟而不為执意如也婼之执雖文承正月之下彼月自為叔鞅而言亦不是為婼而發故襄十八年晋人执衛行人石買莊十七年齊人执鄭詹皆不月也此九月之下更无他事指言晋人执季孫故知為危謹而月之也一解行父昬月以見危則意及婼亦是危也傳執者至存也」經称执季孫行父舍之苕丘故傳称执者不舍是

挻叔孫婼而發問也而舍公所也者謂言所舍故也公所
者即莒丘是也执致者謂昭二十四年婼至自晋是也而
不至公在也者謂令季孫帰而不昏致者公在故也以其
與公同帰重在公故不致也何其执而辞也謂問經意何
其書执不㠯致為辞也猶存公也謂為晋所执心欲存公
所在故不致行父又言舍之也存意公亦存焉謂又問經
意直存舍之不致之意則便可知公所在乎公存也者荅
上文意但存此二事即知公在也公存者謂在莒丘也旧
解注云言二事舍是一事也於以為兼上注意
則二事者謂舍於莒丘及不為二事　注徐邈至义也
釋曰僑如爲君遇之不失所昏者曰臧紇則正其有罪而
書曰二者不同范引之者欲明二者不異臧孫云正其有

罪亦蔑為君遇之不失所書日僑如言君有恩而書日亦蔑正其罪可知是互以相包故引之　剌公子偃　徐邈云偃為僑如所譖故云無罪左氏云為姜氏所立二者未知孰是　十七年　傳不日云云　釋曰定四年諸侯侵楚盟于皐鼬言公至自會者經之常也今傳起違例之問者定四年楚弱而為諸侯所侵侵訖而盟故以盟為大事故云至以自會鄭自柯陵戰後不助中国二年之間三度興兵以伐為重盟為輕故決其以伐鄭至僖四年傳云大伐楚也不以會致而以伐致是其事也案後會齊侯不出而云後會之人盡盟也者以今時身在後遺大夫從師故亦不得云後會之人尽盟　傳宮室云云　論用郊而陳宮室者礼有五經莫重於祭祭之盛者莫大於郊傳意欲

見嚴父然後至其夫家国備然後祭享故具說宮室祭服車馬官司之苟明神非徒享味而已何得九月始用郊手徐邈云宮室謂郊之齊宮衣服車馬亦謂郊之所用言一事闕則不可祭何得九月用郊理亦通也　晉侯至乞師范別例云乞師例有三三者不釋從例可知也乞例六者乞師至乞盟一并之為六乞師五者公子遂晉郤錡來麋荀云士魴是也乞盟一者鄭伯是也　傳云云公羊之意以為臣待君命然後卒大夫且有公而後錄其卒是　公羊異杜預解左氏以為日誤又與　傳不同也

邾子貜且卒　世本邾定公也　十八年　傳君惡甚矣　於此發傳者以州蒲二年之間殺四大夫故於此發惡例也　注彭城至復入　晉欒盈亦書復入者以欒盈

先入曲沃後復入晉故亦云復入也後入曲沃不云復入者兵敗奔曲沃既前文已云復入于晉故直云入曲沃舊解以為初入国都後入曲沃言復入若然何不云復入曲沃而云復入于晉　築鹿囿　范知非以鹿築囿而以鹿為地名者案囿既是地名則此鹿亦當是地名徐邈何休皆云地名天子囿方十里伯方七里子男方五里言魯先有囿今復築之故書以示譏則郎及蛇泉亦是譏也案毛詩傳云囿者天子百里諸侯三十里與徐何二說別者詩傳蓋擬孟子稱文王囿七十里寡人三十里故然之為天子諸侯三十里耳未審徐何二家擬何為說也　同盟于虛打

此虛打之盟不日者何休云公薨喪盟略之故不日事或然也

春秋穀梁疏卷第八

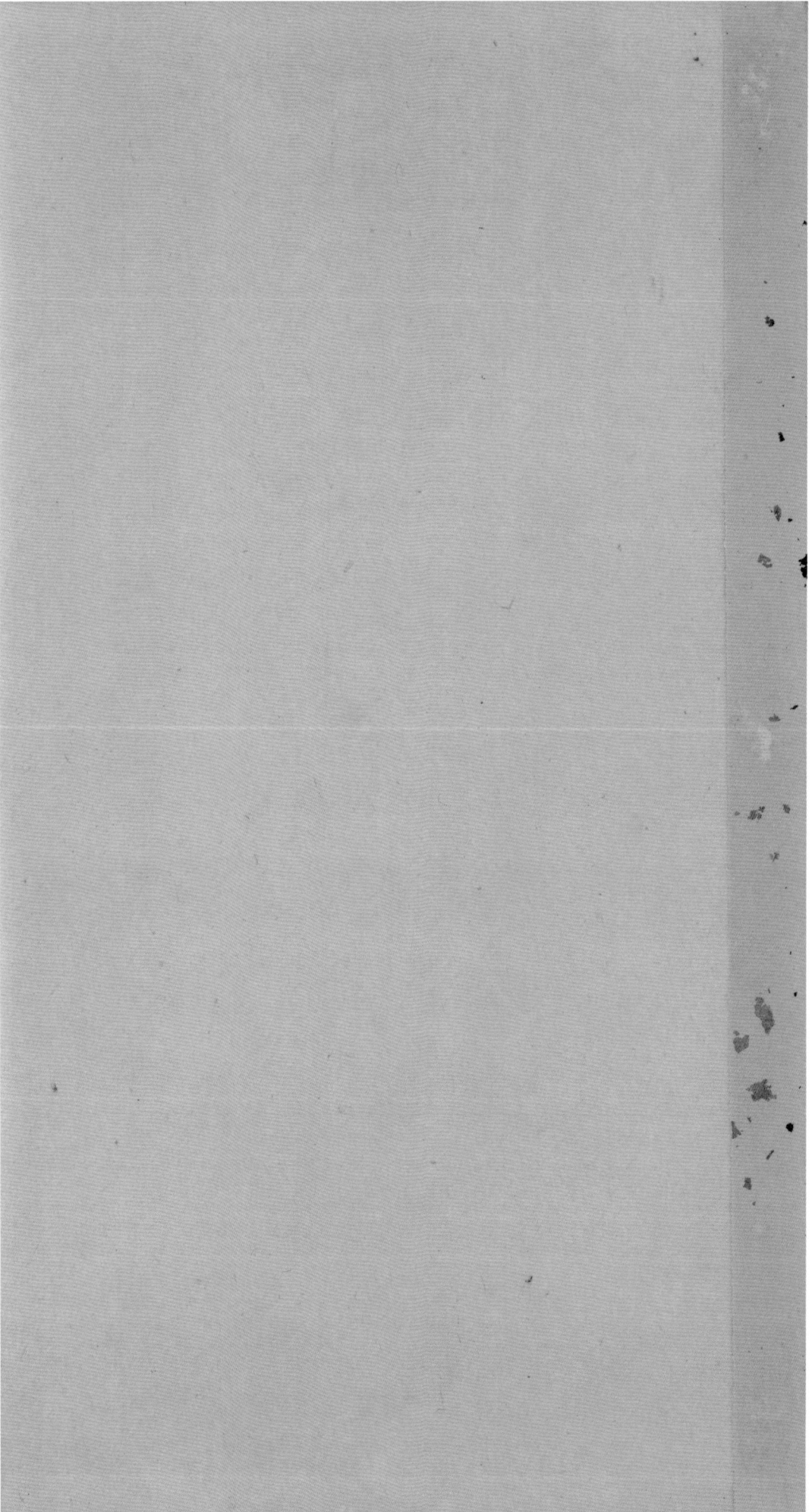

# 春秋穀梁疏卷第九　　襄公

唐國子四門助教楊　士勛　撰

魯世家襄公名午成公之子定姒所生周簡王十四年即位諡法因事有功曰襄　元年　傳繼正即位正也　襄是定姒之子嫵非正故重明之　傳繫彭云云　哀三年齊衛圍戚傳曰不繫戚于衛者子有不父也魚石人臣而取君之邑邑以繫国為正故言繫彭城與宋不以魚石正也若不繫宋則似與之為父子君臣意異故係不有殊公羊傳曰曷為繫之與宋不與諸侯專封楚左氏云令楚取彭城以封魚石是魚石為楚所封則三傳不異其說彭城繫宋則異也何者公羊意彭城繫宋不與楚封此傳意彭城係宋不與魚石是其異也左氏以為不　又云謂之

宋志是又與二傳意不同也　邾子來朝　世本以左傳邾宣也」注冬者至之礼　周礼諸侯之邦交歲相問殷相聘世相朝又傳左云凡諸侯即位小国朝之大國聘焉此年公新即位故各行朝聘礼也知王崩赴未至者礼諸侯為天子斬衰若其聞喪豈天子以九月崩當月即邾子來朝冬初即晋衛來聘魯是有礼之国焉得受之明知赴未至各得行朝聘之礼也猶如襄二十九年吴子余祭五月所弑赴未至魯故季札以六月到魯仍行聘禮亦此類也若然經書九曰天王崩者赴雖在十月之末告以九月崩耳知王崩諸侯不得行朝聘也礼者曾子問耳諸侯相見揖讓入門不得終礼廢者幾孔子曰六天子崩大廟火者食后夫人之喪雨霑服失容則廢是天子崩不得行朝聘

也　二年　傳称于前事　依例将尊師少称将将卑師
衆称師傳知称于前而書名者三人同有伐喪之罪或名
或師明知称、師者罪重称、名者罪軽又成二年鄭人侵衛
之喪今寗氏獨称、名氏故名称、其前事也　注斉謚　楚
者皆帰又謚法　执心克壮曰斉故知是謚　傳君言至鄭
也　此言若中国焉者非是對戎狄而生名言中国猶国
中也今經不係虎牢於鄭者如中国之邑也所以如中国
之邑者鄭服罪故内之也所以鄭服不繫虎牢者春秋之
例外邑皆不言城今虎牢若繫鄭則不得書之故不繫之
鄭比内邑也公羊以為虎牢不繫鄭者為中国諱伐喪説
左氏者以為虎牢已属晋故不繫鄭並與谷梁異　三年
注晋侯云云　范知出国都與公盟者上言如晋下言

公至自晉不言長樗故知之也　傳外乎會也　釋曰莊十四年單伯會伐宋傳云會事之成也僖二十八年陳侯如會傳曰外乎會也是上文互以相通也會伐宋伐事已成單伯乃至則踐土亦會事已成陳侯乃至也陳侯言外乎會明伐宋時亦外乎會也三処發傳者單伯內夫人陳侯是諸侯袁僑為君所使纖有異故重發之　傳及以云云　傳解經所以再言及者以及與之也謂與袁僑故言及以殊之公羊以為重言及者為其與袁僑盟也　意言諸侯大夫所以為盟者為與袁僑盟也與谷梁傳異也礼君不敵臣陳遣大夫赴會諸侯大夫与之為盟則是貴賤之宜而云大夫強者陳侯遠慕中国使大夫詣會受盟諸侯雖則盟罷當須更與結好又尊卑不敵者謂獨會外侯

今既與諸侯衆在何以得称不敵　與袁僑得盟諸
侯大夫君在私盟故謂之彊也案十六年大夫不臣也則
不繫諸侯此云諸侯之大夫而謂之强者此雖對君私盟
慢君之意緩至十六年積習已久不臣之情極故不繫諸
侯此亦應受君之命而謂之私者對君盟非臣事故謂之
私　四年　夫人姒氏薨　公羊以為弋氏何休莒女此
與左氏並為姒氏范及杜預皆本杞女是與公羊異也傳
妾子為君其母不得称夫人今薨塟備文者君與夫人礼
成之臣民不可以妾礼遇之故亦得称夫人今仍非礼也
五年　叔孫豹至如晋　公羊以繒世子巫是繒之前
夫莒女所生其巫之母即是魯襄公同母姊妹繒更娶後
夫人于莒而無子有女还於莒為夫人生公子但繒子受

後之夫人故立其外孫莒之公子故叔孫豹與世子巫如
晋須之此傳直云為我事往也不知更為何事故徐邈注
此取左氏說云為我事往者謂譖繒於晋以助已出賦也
今范氏外相如不書為魯事往故同於內也下文滅繒此
傳亦同公羊取外孫為嗣則此之如晋同公羊理亦无損
但巫縱於魯同是莒之外孫傳不得云為我往也況文上
四年范注云姒氏襄公母杞姓也則襄公母非莒女也若
同左氏則與傳文為順未審范意如何或當范雖從公羊
外孫為嗣此明為晋非為外孫　傳號從中国　釋曰重發
此文者邾之於宋俱是中国嬿此魯衛會善稻善稻吴地
嫌從夷號故重發之大　晋地　竟名曰大鹵恐從夷
名故發更其例地　莒從夷俗但彼人　為蚡泉為胎莒不得

與真夷　同故不須發例也名從主人者越謂於越左氏云壽夢之鼎是也　注數會中国故　繒夷狄之不若自當序吳下繒罪吳下即是殊吳所以云數會中国者若繒狄不若吳不數會中国縱使抑繒不可称人進班也今以其數行進之故序云會進之故序繒于下以表夷狄之不若進吳於上以显其數會中国也　傳內辭也　此戍陳公羊以為諸侯雖至不可得而序故獨言我也杜預以為戚會晉命戍陳諸侯各自遣戍不復告魯故不書也覌范注似魯獨自成之案檢上下則於理不得何者定五年歸粟于蔡傳云專辭也彼專辭即與內辭不異彼傳歸粟更云諸侯歸之則此戍陳亦是諸侯同戍襄三十年澶淵救災具列諸国故定五年歸粟不復歷序諸侯則此亦以救陳

之文具列諸侯故於戍之文獨言會戍也彼傳云義迩也不足具列則此亦以其事可知故經文不序范云魯者解經之獨立文也　傳善救陳也於公之至下言之者春秋注善以內故書公至下重發　六年　傳中国云云重發傳者非兵滅故重明之由別之不別也言繒所以滅者立嗣須分別同姓而繒不別也旧解云別猶識也言繒君唯失之国須立後不能分別異姓之不得　斉侯滅莱左氏以為斉迁莱子於郳故不書出奔公羊以為莱子出奔不如死也死不書奔滅為重此無傳未知所從　七年傳三十至辞也　三十是礼而書之者為三十不從及四月不時故也乃者亡乎人之辞也復發傳者嫌三十礼不當責無人也　小邾子来朝　左傳小邾穆公也　傳日

卒時塟正也　釋曰塟在八年此處之者以鄭伯被弑而同正卒既同正卒宜云正塟故連言也重發正卒之傳者今比弑而同正卒嫌與他例異故明之也　八年　正月公如晉　傳例往月危往也今書正月者以鄭伯歸晉受禍陳侯畏楚逃歸明晉之不足可恃而公往朝危之道故書月也　傳公子病矣謂侵是淺事所以得公子者由公子病弱矣徐邈云公子病不任為將師故獲之　傳見魯之失正也以公在晉未及告公大夫為會故云失正也

九年　宋灾　公羊以為大者曰灾何休云大者為正寢社稷宗庙朝廷也小者非宗庙社稷也又曰内何以不言火甚之也者何休云春秋以内天下法故雖小有灾如大灾又云外灾不書此何書為王者之後記灾也此傳直云

故宋也徐邈云春秋王魯以周公為後王以宋為故也是亦為王者之後記宋也今范獨云孔子之先宋人故記其宋以然周王魯乃是公羊之説今徐乃取以解穀梁故范不從之　傳不異至鄭也　旧解以伐鄭之文在上即同盟于戲明鄭在可知故不異言也善得鄭言鄭服心同盟故以為善既善得鄭則是無恥所以不致者恥不能拠鄭也謂既盟之後楚即伐鄭恥不能終拠之故不致也又一觧不異言鄭謂會伐無鄭伯之文今不序是不異言也所以不異言者善得鄭也嘉其服心受盟比之旧同好然故不異言也既善得鄭又以為恥者當時鄭雖受盟楚即伐鄭　不能終拠鄭故以爲恥也　十年　傳會又會外之也　重發傳者五年戚會不殊吴今殊之故復發傳

注復夷狄故旧解戚之會抑繒進吴故不得殊會今宜當
復夷狄故會以外之或以爲戚會以吴行進故不殊之今
在後更爲夷狄之行故外之　傳遂在遂也　傳言遂直
遂也者是継事之辞不須云日今加甲午始云遂滅與凡
遂異故傳言之　注此蓋爲遂耳傳陽畀国例當遂耳此
経言日故范云蓋爲遂耳爲遂者欲見不使中国之君從
夷狄之主也　傳會夷狄云　僖二十六年公至自伐斉
傳曰悪事不至致此其致之何也危之也彼亦是以蛮夷伐
中国傳揔釋之今分別兩言者當以負會夷狄負爲悪事
二者俱不致會夷狄不至者成二年蜀之盟是也悪事不
至桓二年稷之會是也今公從夷狄爲祖之會又滅傳陽
二事故揔釋耳傳於此見存中国之文者雞澤之會諸侯

失政從此之後日益陵遲又會夷狄之人以滅中国惡事之甚故昏公至以存之僖二十六年傳云危之此云存之者此云存之者彼尚未陵遲故直云危之公此時微弱之甚故云存中国也　注而滅人之邑　此謂国邑也故上注云甲国月公羊左氏亦以為国也　傳称盜至上也　哀四年傳云微殺大夫謂之盜而曰上下道者以微殺大夫謂之盜而曰上下道者以微殺大夫即是兩下相殺兩下相殺不志乎春秋此惡鄭伯不能脩政刑以致盜殺大夫則哀十三年盜殺陳夏區夫昭二十年盜殺衛侯之兄輒亦是其兄以致盜也兩下相殺既不入于例故云不以上下道其以上下道者當云鄭人殺其大夫也然文六年狐射姑殺陽處父經故兩下相殺之文晉殺其大夫陽處

父是君国殺之之辞也則上下之道亦称其国而獨決其
不称人称国以殺大夫有二例以二例不定故不得專為
上下道称人殺是誅有罪之文有罪無二例故得決之於
此發例者盜殺大夫初起於此故也　注二年至棄外
釋曰注言此者解其決鄭之意九年鄭於諸侯同盟其年
楚子伐鄭鄭從楚此年文於楚公子貞伐宋是其数反復
也今諸侯則伐鄭當見其无從善之心故不復内之以明
當決絶之若不決絶之當如上二年直云城虎牢不繫之
鄭也　十一年注魯為次国　魯本周公之後地方七百里
而云次国者拠春秋時言之也　傳四卜非礼也　上言
卜為礼而非時此卜違礼非礼亦非時故重發傳不言免
牲者不行免牲之礼故但言不郊耳　傳不以至鄭也

成十七年夏公會尹子云云伐鄭乙酉同盟于柯陵與此正同彼云公至自會此云公至自伐鄭致文不同者案彼伐鄭同盟于柯陵為公不同於伐鄭以會事為大故以會致此時鄭從楚〻張諸侯畏之故以伐為大事文盟後重更伐鄭故以伐致也　注傳例云云　下十九年傳文

傳伐而致辞也　釋曰僖四年傳云二事偶則以後事致此云公至自會正是其常而云不以伐鄭致者以鄭後楚伐之尤难故當以伐為大事但以喜鄭與會故以會致之

傳挈国之辞也　釋曰旧解挈猶傳也行人傳国使會命故云挈国之辞也或為挈為牽謂傳牽国命之辞理亦通耳但与注乖行人之牽有六傳之所発者三也昭公八年　楚人执陳行人于徵師傳曰稱人以执大夫执有罪

也称行人怨接扵上也襄十八年晉执衛行人石買傳曰称行人怨接扵上也此云楚人執鄭行人良霄傳曰挈国之辭也徵師云称人執有罪則此挈国之辭而被囚执亦是亦有罪也石買云称行人怨接扵上則良霄亦然也是其文互相通也傳舉三者則定六年晉人执宋行人樂祁犁七年斉人执衛行人北宫結昭二十三年晉人执我行人叔孫婼亦然也是称人以执有罪石買称行人怨接扵上明君之扵臣兩舉失之也執大夫称人又有二義莊十七年斉人执鄭詹傳曰人者衆人也以人执与之辭也僖四年斉人执陳袁濤塗傳曰斉人者斉侯也不正其踰国而执之也桓十一年宋人执鄭祭仲傳曰宋人者宋公也其曰人何也貶之也是有二也案經例执大夫皆称人而

執未有稱公稱執者而云貶宋公齊侯何也斯有旨矣然执
大夫得其罪例當稱人經因事以明義若被执者有罪則
稱人以見罪若执人者有罪亦稱　以見惡齊侯為踰国
稱宋公爭人逐君故貶之也稱人以明不正也縱使例执
得其罪未有稱公侯之文其齊宋二君亦當貶從稱人之
限故經雖同常文傳則分而別之所謂善惡不嫌同辭不
可以一槩求之矣祭仲不稱行人旧解私罪不稱行人或
當行人故也　十二年　注蓋為下事起　范之者以伐
國不言圍邑言圍邑有所見明此為下事耳　十三年
夏事邾　公羊以邾為邾婁之邑此傳雖无說蓋從左氏
為国也　十四年　正月季孫云云　何休云月者刺諸
侯委任大夫三年三後君若贅旒然　胡月之蓋雖不注或

以二卿遠會蠻夷危之故月從何說理亦通耳　注諸侯至其惡　桓十五年五月鄭伯突出奔蔡十六年十有一月衛侯朔出奔齊又十一年鄭忽出奔衛侯亦文承九月之下是例月也若然昭三年冬北燕伯款出奔齊二十一年冬蔡侯東出奔楚而書時者彼蔡侯東時為公如晉不當月故時也其北燕伯時自為大雨雹故亦畧其月文當當時與月同唯書日有異也然此書日以着衛侯之惡則昭二十五年九月乙亥公孫于齊亦是明公之惡也或可詳內不可以外例准之然衛侯朔出奔齊傳曰朔之名惡也天子召而不往彼亦惡而書名則北燕蔡伯蔡侯之徒亦是書名以見惡也今衛侯以惡甚而昏日所以不盟者鄭忽出奔衛傳曰其名失国也衛侯雖惡甚以其不失国

故不名以見得国入　書名以明惡也曹伯負芻无罪故出不名則衛侯鄭入　書名者亦惡可知也然衛侯朔亦得国而出書名者以天子絶之故也則蔡侯東北燕伯款亦為失而名也鄭忽桓十五年稱世子忽復歸于鄭亦是得国而書名者以其微弱罪賤之故失曰其名失国以後雖入國不能自安故亦與失国同也又忽世子於君少異故彼注云其名謂去世子而但称忽是也公孫于齐不明者為内諱也一解以衛侯不名者出奔書日以見罪惡甚故不復名也理亦通耳　十五年　刘夏云云　公羊以刘夏爲天子下大夫今范云非卿則亦為下大夫也此時王者案世本本既當傾王也　十六年　晋人至以歸　諸侯不得私相　執之以歸非礼明矣　十七年　九月大雩

前年大雩不月此月者僖十一年　傳曰雩月正也是九
月八月雩得正也故月前年雩不正時也　十八年　注
怨其君至在上也稱人以執是執有罪范云明使人者謂
稱行人者明罪在君上故云明使人非謂稱行人以罪晉
也重發傳者楚是夷狄嫌晉之主盟當異故重發之　傳
非圍至疾矣知非圍者以十九年經云自伐齊不以圍致
故也傳曰非圍而曰圍者經不実言之意齊有齊焉亦有
病焉謂通同圍之意雖有大国焉亦有惡焉病猶罪惡也
謂數伐魯以數伐魯又復国大故稱同圍之耳非大而足
同與復上齊有大焉諸侯同罪之意也謂齊若非大国何
須諸侯同罪之也亦病之矣謂齊是大国諸侯共同罪之
之必為大国所難是取禍之道故云亦罪惡矣言諸侯與

斉同有罪悪也　傳閔之也　僖四年許男新臣卒彼内
桓師故不知地言卒于師者皆閔之也　十九年　傳或
執至其地　拠此傳文事実在邾不関于斉而以伐斉至
者以明実斉盟後又或執其君或取其地與盟後復伐無
異故托事以見意悪罪晋执君悪魯取地若其実不伐斉亦
不得以致托也　傳軋辞也　公羊以為漷水移入邾界
魯随而有之今云軋辭者軋謂委曲經言自漷水者委曲
之辞也一解軋辞者軋謂委曲言取邾国委曲随漷水為
界之辞言其多也　傳其不日悪盟也　謂执君取地
傳还者至辞也　重發傳者嫌内外異也何休癈疾难此
云君子不求備於一人士匃不伐喪純善矣何以復責其
専大功也鄭玄釋之曰士匃不伐喪則善矣然於善則陳

君礼仍未備故言乃还不言乃復作未畢之辞还者致辞復者反命如鄭之言亦是譏士匄不復命也然如鄭意以乃还為悪乃復為善則公子遂至黄乃復又為悪之者彼以遂遣君命而反故加畢事之文欲見臣不容公命與此意少異此既善不伐喪復為事畢之辞則是純善士匄故以未畢之辞言之　二十年　注所悪陳侯　知非悪光者以傳例非為善自其帰次之以二十三年云光自楚于陳又且尊之称弟罪衛侯則光称罪陳侯也故鄭釋廢疾亦云悪陳侯也　二十一年　傳以者不以者也　重發傳者此非用兵之以故昭五年莒牟夷以牟婁及防茲来奔傳曰及防茲以大及小也是小大不敵故當及今不言及為小大敵故也　日有食之　此年與二十四年皆頻

月日食抑令歷法無頻食之理但古或有之故漢高祖本記亦有頻食　傳庚子孔子生　仲尼以此年生故傳因而録之史記世家云襄公二十三年生者馬遷之言與經典不同者非一故與此傳異年耳　二十二年　公至自會　此與二十一年公与晉皆月者依例傳月者有危傳不説危之事未可知也何休云善公能事大国棠下沙隨會公至不月則何説非　二十三年　傳言救云云　釋曰後言次為非救則以僖元年先言次即是救彼傳云非救者其實言次則並是非救但傳各隨其本意而釋之鄭辭言之詳矣　二十四年　傳五谷至大侵　釋曰二谷不升謂之饑經今云大饑故傳云五谷不升也謂之嗛謂之康嗛是不足之皃康是人荒之名五谷不升謂之大

侵又謂之大饑者以經云大　是傳文順經言之經所云
大饑者謂五谷不熟　其実大侵者大饑之異名通而言
之正是一物也傳欲　已種之　故異言之耳徐邈云
有死者曰大饑無死者曰大　何休云有死者曰大饑無
死者曰饑並以意言之與谷梁異也　注弛廢也至不燕射
凡大射為祭擇士賔射則接賔而射燕則因歡燕而為
既國大饑君不冝　故注舉燕射言之其実尚不祭鬼
神亦不應有大射賔射之礼故傳以弛侯揔之或以為燕
射一侯礼最省故舉之以明余者亦不為之耳理亦通之
注周書云周書者先儒以為仲尼刪尚書之余今掇其
書則尚昏不類未知是與非也　二十五年　注放言至
罪甚　失言謂放言語將淫崔氏卲解云謂言語失漏有

過於崔氏范兩載之者貴異説耳　注又云傳載其致弒之由者正謂傳不更拠別文也　注先攻巢　旧解巢楚竟上之小国有表裏之援故先攻之然後楚可得伐以為楚邑非也徐邈云巢偃姓之国是也　傳諸侯不生名重発傳者与失国生名異故也　二十六年　傳此不正其曰何　知剽不正者以元年称公孫見經故也　傳曰帰云云　折既與弒不言入者悪之者傳例帰為喜復帰則居其両端故傳復者復中国帰者帰　今喜既弒君衎何言帰但以與弒故從中　以見悪耳不言入以明帰罪于甯喜也　注　至其正　釋曰案薄氏駁云此自発例于大国不明于小不明于小国或詳或畧許男昏日以正也范荅云春秋称世子固有非正周之衰

王晉之恭子曺伯射姑亦是例貜且之卒謂于日食之下
何以知其不日然則范之此荅抑何文得知文周之襄王
與公子何以為別又薄氏之駁不問射姑而范荅探意大
過者案左氏襄王是惠后之子明襄王是嫡也故文八年
書八年戊申天王崩恭世子是獻公烝父妾而生僖五年
被殺不日故知雖世子仍非嫡也薄氏之意見射姑稱世
子而卒不稱日故駁云弃例于大国小国自從詳畧故范
以射姑非正荅之抑陳使欵僖七年寧毋之會亦言世子
至僖二十八年書卒之上亦不日明稱世子亦有非正也
捷菑既貶則貜且是正故知貜且之卒蒙上日食之文可
知襄王正恭子不正而亦引以為例者欲明襄王正而稱
世子申生不正亦稱世子抑此言之明有不正而稱世子

者　二十七年　傳涉公事矣旧解国家之事危若涉海以水行爲喻也徐邈云涉猶歷也　傳織絇邯鄲　麋信云絇者著屨鳥之頭即周礼絇繶及純是也　傳晋趙云云豹云能恭獨言趙武恥之者趙武恥湨梁之會大夫不臣故令帥諸侯大夫爲恭故帰功趙武也傳言豹云者抴前称氏後直名也　二十八年　公如楚　釋曰書月者何休云危公朝夷狄案下二十九年公至自楚傳曰喜之也則何說是耳　二十九年　傳致至義也　釋曰於此發之者以公遂之荆蛮故傳特發之明中国亦同也　傳閽門至仇之也　稟二儀之氣須五常之性備然後爲人閽者虧形絕嗣无陰陽之會故不復齊於人以主門晨昏開閉謂之閽以是奄豎之屬故又謂之寺人也不狎敵不迩

怨者言為人君之道外不得狎敵內不得近怨何者吴過以狎敵蒙禍余祭　怨害身固不可狎敵近怨也賤人非所貴謂卑賤之人無高德者不可卒責匕人非所形謂刑不上大夫故不可刑之刑非所近也謂刑罪之人不可信近之今吴子以奄人為閽是近之也卒至賤而加之吴子近刑人也謂經昏閽弑吴子余祭者譏其近刑人也　注怨仇余祭者譏其近刑人也　注怨仇余祭　国君不仇匹夫犯罪則誅之故知是昏怨也　傳变之正　諸侯恤灾救危是正今大夫為之故云变之正也　傳成尊於上也謂晋吴稱子上謂君也　傳從史文也　傳言從死者以時有直言燕者故仲尼從史文也　三十年　注比之至同例　釋曰何休廢疾云蔡世子班弑其君固不日為

之夷楚世子商臣弑其君何以反書曰邪鄭云釋者曰商臣弑父曰之嬺夷无礼罪輕也今蔡中国而又弑父故不日之若夷狄不足責然公羊有若不疾乃疾之推以流此則无怪然此注之意與鄭君釋廢疾大旨同也但解商臣之弑書日少異耳何者鄭云嬺夷狄无礼罪輕故日徐乾云閔其為惡之甚故日是少異也昭十九年夏五月戊辰許世子止弑其君買傳云日弑正卒也與此異者彼以実不弑君而昏日故與此異也　傳取卒云云外灾例時今伯姬之卒故進日在上以明灾死也伯姬之婦道盡矣為共公卒雖日久姬能守夫在之真謂之婦道尽矣　傳况於天子手嬺天子之殺弟異於諸侯故以况輕重弟重以明輕見輕重之道並見矣　傳外夫至葬之也　外夫

人卒亦不書而云不書塟者傳夫外夫人不塟者謂魯女嫁於諸侯者唯當書卒不合稱塟非謂不是魯女也傳不言夫人惡之也　襄二十三年晉人殺欒盈傳曰惡之弗有也彼云不有則亦然也　重發傳者嫌入復入異故也　傳曰日至於子也　成十五年秋八月庚葬宋公公傳曰月卒者葬非塟者也此云不日卒而月葬不塟者也重發傳而文又異者傳例諸侯日卒時塟正也明違此即非正故兩文以明之又解一弑一卒經文有日月之殊故重發傳而文異日月有殊者宋共則日塟景公則月塟是殊也宋襄失民不塟此失民昏塟者此即是於失子非失民若実失民則直稱人以弑傳曰不忍使父失盟於子也是非失民何知傳云不忍使失父盟於子者言若昏塟則

與失民同故云然也　晉人齊人云云　釋曰公羊傳云卿則其稱人何貶也曷為貶卿不得憂諸侯也左氏以為不歸宋財故貶此傳云其曰人何救災以衆是三傳異也或當此會趙武亦在但取救災以衆故不显名也　傳无侵伐八年　徐邈云晉趙武楚屈建感伯姬之節故爲之息兵其意以為諸侯閔伯姬之喪故歸宋財為澶淵之會此不相侵伐連會言之故知爲伯姬也范氏不解理未必然言感伯姬歸宋才事亦可矣豈以一婦人之喪則息兵八載人情惻之必是未可又且傳稱趙武屈建之力則無侵伐不由伯姬矣若然則此會不昬楚人則無楚屈建若拠此後言之昭元年即楚灵王即位不得云无侵伐八年若拠六年澶淵之會言之何如使有趙武屈建唯二十

七年見經而云屈建之力者案左氏晉趙武以二十五年爲政二十六年澶淵之會晉人列在鄭卿之上明是趙武但恥溴梁不臣故屈於澶淵也其實晉人者趙武是爲政起於二十五年再會澶淵一會又昭元年會于虢而中国安屈建雖一會于宋外寧夷狄是屈建之功傳恐連公子圍之事故以屈建別之故武氏云相晉国于今八年亦從二十五年數至昭元年也傳連此澶會言之者以諸侯靜兵由趙武功力此歸宋才亦是趙武爲以其息師故得褒灾恤患是以連言耳　三十一年傳子卒日正也未踰年之君弑死不日文十八年子卒是也莊三十二年子般卒書者以有所見故也今子野正卒書日嫌與子般同故傳發之以明昭公之繼正也

春秋谷梁疏卷第九

# 春秋穀梁疏卷第十　　昭公

唐國子四門助教楊　士勛　撰

魯世家昭公名裯襄公之子以周景王四年即位謚儀恭明曰昭　元年　傳繼正即位正也　重發傳者嫌繼子野非正故明之　注鄆魯至不服　案左氏鄆為莒邑范知魯邑者以經有城諸及鄆之文此鄆不繼莒故知魯邑也公羊傳曰鄆者何內之邑也其言取何不听也何休云不听者叛也是范所拠之文也　傳親而奔之惡也　重發傳者陳侯之弟称歸為无罪此鍼後无歸之文則罪之輕重既不可知故傳云親而奔之惡也明與陳光同耳　注襄五年注詳矣　釋曰栢二年亦有文而注言襄五年者栢二年命郜鼎之事襄五年則同命地事故注指之

莒展出奔吴　釋曰展篡踰年不稱爵者徐邈云不為內外所與也不成君故但書名理或然焉　叔弓至鄆田　鄆是魯邑所以帥師師者公羊以為與莒接竟故帥師是畏莒故以師正其界　二年　傳恥如至疾也　釋曰案公之乃復凡有五文唯二十三年經云至河有疾乃復自餘四者皆不云有疾而傳曰著有疾者公為季氏所許恥四如晉不入故皆書曰乃復者即是託有疾之辭非是疾也故傳云恥如晉故著有疾也二十三年實有疾如復故經言有疾以別之　注公凡四如晉　釋曰此文一也十二年二也十三年三也二十一年四也二十三年經云有　故不數之耳　傳惡季孫宿也　此云惡季宿孫十二年又發傳云季孫不使遂于晉者季孫宿以七年卒十二年諧

君者意如見其累世故惡故傳重明之若然十三年乃復者意如見执之下意如身尚被執安得為譖公者後公不盟亦坐意如意如先以譖公被执之日又自雪旡罪晉人听其言而不受公故經言乃復之文與十二年同明亦是意如譖公可知也　三年　五月葬滕成公　何休云月者上葬襄公諸侯莫肯加礼独滕公来會葬故恩録之谷梁以月葬為故必不得從何說或當有故但經傳不言耳重發傳者前高止之奔欲明從史文今北燕伯出奔亦曰北燕伯款目名之故重曰從史文举者以明例故於從不釋　四年　左氏為雹故范疑之云或為雹也　僖二十一年执宋公不言楚此云楚人执徐子者被欲見諸侯同执且不與夷狄执中国故不言楚人此時楚強徐又夷

也故云楚執不言歸者蓋在會而執尋亦釋之故不言所歸也　舊解凡日月之例多施於內不止於外而云謹而月之者以四夷之盛吳楚最甚從此以後中国微弱禍害既重書亦宜詳故注并引定四年三月公會劉子以下于召陵侵楚為證猶莊六年子突王者之師挫於諸侯僖十五年齊桓伯者之兵屈於伐厲故亦是月是其義也徐邈云伐不月而昏月者為滅例書理亦通也內外之會內為兵外謂衆同也　執楚慶封殺之　釋曰元年楚子卷卒不云弒此云弒者彼為密弒之托以疾卒楚无良史告以不実故春秋從而書之傳因慶封之對以起其事則篡之罪亦足以見也　傳孔子曰上云春秋之義足以見罪又称孔子曰者灵王夷狄之君欲行伯者之事慊於得善故

引春秋之明之從言孔子以正之　九月取繒　襄六年
莒人滅繒　今文云取者彼以立莒之公子為後故以滅
言之其實非滅故今魯得取之不云滅而云取者徐邈云
諱故以易言之事或然矣　五年　以者至地也　重𢍰
傳者庻其以邑来而不言及此以邑来言及黑肱則不繫
濫故各𢍰傳也此傳獨言重地者舉其中以包上下也
秦伯卒　左氏以為同盟則名同盟而不名皆從赴公羊
以爲秦伯不名者秦夷也匿嫡之名其意云嫡子生不以
名告国中唯擇勇猛者而立之又云秦伯豈及稻名者嫡
子故得名之言然二人以嫡得立也此傳於隱七年滕侯
卒云无名狄道也則此秦伯不名也但用狄道也又隱八
年宿男卒傳曰宿微國也未能同盟故男卒也擬彼則是

未同盟者則不赴以名寀秦之諸君卒經或名或不名則是非同道從蓋同左氏未同盟故不名也徐邈云秦伯不名用從道也恐非耳　六年　杞伯益姑卒　不日卒者蓋非正也　七年　傳平者成也　旧解平者善事也當同以為之而不得已而為之是亂道也故釋之為成言成亂之辭耳或當成平義通故展轉為訓　傳涖位也

重發傳者嬪公如楚恐婼非是君命故發之明婼非受命也　傳王父名子也　傳言王父則祖也范云欲傳人重父命也者父受命於王父王父卒則已命子故傳注兩言之其並存者則不諱若卒哭以後无容得出君名若舍名稱而字耳　八年　盡其云云　釋曰盡其親者招前稱公子明有先君之親今變文言弟彰是今君之親二稱

並見故云尽其親也然昭元年稱公子不閔殺偃師而亦
言之者以吏公子之文而稱弟故者并言之也十三年殺
公子比不言楚此云陳世子者体国重故繫国言之公子
繫君故不繫国也若然下云殺陳孔奐繫陳者楚人殺他
國之臣故繫國　注惡招　此稱弟惡昭元年稱弟惡陳
侯者先有歸文見經明知先有罪今招親殺世子故知稱
弟以惡招也　傳稱人至上也　釋曰重發傳者嫌楚殺
為甚惡其無罪故重發傳以同之　春蒐于紅　傳云正
也而經皆者范云例云蒐狩皆時其例有九狩有四言蒐
有五稱狩有四者桓四年狩于郎一也莊四年狩于郜二
也僖二十八年狩于河陽三也哀十四年西狩獲麟四也
蒐有五者此蒐于紅一也十一年大蒐于比蒲二也二十

二年大蒐于昌閒三也定十三年大蒐于比蒲四也定十四年又大蒐于比蒲五也范又云者凡書者皆譏也昭八年秋蒐于紅傳云正也而昬之者明比年大蒐失礼故因以正見不正也是范意將秋蒐得礼欲見以正刺不正故書之范例又云器械皆常故不云大言　器械過常狩言公此不云公者狩則主為遊嬉故言公蒐是國家常礼故例不言公也然則蒐狩書者皆識而傳云因蒐狩以習用武事礼之大者拠得礼者言之范云比年失礼謂器械過常又失時是也　傳芟蘭至力也　蘭是草之貴者地之希有之物而云芟蘭為防者廣澤之內與衆同生芟之為防則蓬蘭同翦故舉以包之置旃以為轅門謂以車為營夆轅為門又建旃以表之故云置旃以為轅門以葛覆質

以為槷質者門中之木椹謂恐木椹傷馬足故以葛艹覆
之以為槷葛或為褐者為之毛布覆之徐邈亦云恐傷馬
足故以毛布覆之毛詩傳曰褐纏旃以為門裹纏質以為
槷與此異也流旁握御轚者不得入徐邈云流至也門之
廣狹足令車通至車兩軸去門之旁边一握握四寸也轚
不者得入轚謂挂着若車挂着門則不使得入以耻其御
拙也覌范之注似與徐邈同或以為流旁握者為建旃表
門之流旁去車之兩軸各一握也古字同通故傳作流理
亦通也但與注少僻耳范注兩軸頭本或作轊者兩轊両
軸止是一物故鄭玄注少仪亦以軸為轊也車軌塵為驅
車塵不出軌徹馬侯白解四蹄皆發後足躡前足而相伺
侯與范注亦合耳擒禽旅旅众也謂掩取众禽然礼云不

掩羣者謂不得不分別大小一羣尽取之今雖掩衆禽在
田則簡其麛卵之流而放之射訖則釋其面傷之徒不獻
之以習軍禮則亦不掩羣之義也　古之云云　謂田獵
之時務在得禽不升降是勇也力射宮之内有揖讓周旋
是仁義也田雖不得會射中則得禽是貴仁義而賤勇力
也旧解以為射宮之内逐射死禽中則取之故以重傷為
难論語称射不主皮則射皮不射禽也　傳惡楚子也
惡之者謂滅人之国又招有罪而放之與無辜反殺之有
三事之惡故貶而称師也傳知是楚子者以九年經叔弓
會楚子扵陳知滅陳亦是楚子但是惡之故貶称師也不
貶称人而言師者以楚恃彊滅国著其用大衆故云師若
貶之称人嫌是賤者故不言人矣　傳閔之也　傳解滅

國不塟今書葬者以楚夷狄無道滅人閔陳之滅故書葬以存之　九年　注故畧而不月　釋曰僖元年夏六月邢遷于夷儀三十一年十二月衛遷于帝丘皆書月而許遷不月故知是畧也　傳國曰者災至火不志　傳言火不志則是無例而云國曰災邑曰火者火不合志志者皆義有見此書者以見不與楚滅義在存陳也陳滅不可以比全國故以邑録之既以邑録之則不得與国同文國邑文既不同傳宜顯変例故云国曰災邑曰火　十年　十有至成卒　何休云去冬者蓋昭娶吴孟子之年故貶之范既不注或是闕文也　十一年注晋獻至明矣晋獻公殺世子申生故不書葬痤若無不子之行而平公殺之所以書塟者申生矣孝遇纔而死故黜獻公之葬痤雖無不子之

微有小罪故不忠宋公之葬若然范云甯所未聞　不
直取何休之說故云未聞范以與何說異者何　謂
痤有罪如鄭段之比故平公書葬不論罪之輕重　意以
鄭段至逆經不言弟痤若不子亦不應云世子既云世子
明無至逆故不從何說而云未聞今以罪輕重解之与何
休異　注摠諸侯不生名　釋曰十六年楚子誘戎蠻子
殺之不名所以不拠之以明於例而摠云諸侯不生名者
以傳於鄭伯髡原之卒亦言諸侯不生名文恐華戎異例
故注以廣開衆例言之　傳夷狄云云　注凡罰當其理
雖夷必申苟違斯道雖華必抑似華夷討罪事同傳云夷
狄之君誘中国之君而殺之故謹而名之文似華戎事異
者拠此傳意就討不以罪之内則華夷不同注意言但罰

當其理者則華夷不異知然者傳以春秋書誘有二皆楚子所為其罪或名或不名據此二文詳畧知誘中国君與夷狄君異也　注故莊王得為伯討齊侯不得滅紀明討得其罪者則華夷不異可知也　注蔡侯至以也　殺父者謂襄三十年蔡世子般弑其君国是也礼凡在官者殺无赦禮記檀弓文兩立之說所以謂之兩理者楚殺徵舒則傳云討有罪楚誘蔡般則傳云夷狄誘中国之君故名之同論楚討二者意異故云兩理也又解兩理之說謂兩事立說或以為不字下讀云不兩立之說謂事不得兩立恐非也又云伐弑逆之国謂蔡也誅有罪之人謂理克也而有累謹之名者晋殺其大夫里克傳云稱国以殺罪累上上也是謂晋惠也楚子誘蔡侯傳曰謹而名之是謂楚靈

也　注夏而至忌危　傳稱夏曰苗秋曰蒐今五日大蒐
自是用秋蒐之理而云蓋者以傳無文解故云蓋以示疑
也注又引傳曰正也今以失時之蒐故引正以譏不正也
註故謹而日之　傳例滅中國日則此書日為滅而云惡
用蔡世子友故謹而日之者滅國書日傳例以明用人書
日其文未顯注嫌用之不得蒙日故特言之其實二者皆
當日又檢上下執例日則書日為惡故云謹而日之也左
氏以為用之於蔡世子祭岡山公羊以為用之築城今范
引僖十九年傳則用之祭社也　傳此子也至子也　世子
父没仍得称世子母弟兄死而不得称弟者世子繼体之
名父雖没若意有所見則亦得称之母弟者對兄没則寵
名棄矣故不得称弟　注滅蔡者楚子　經稱公子棄疾

帥師圍蔡鄭知是楚子者以棄疾若貶當云楚人今貶而稱師故知楚子也又傳云惡楚子也明非棄疾然則惡子楚子虔文云世子者以楚四年之中滅兩国殺二君自謂得志若遂其凶暴是長中國之衰申夷狄之彊故抑之使若不得其君故云世子也　十二年　傳燕伯之不名何也　楚人圍陳納頓子傳曰納者何内弗受也彼稱納而不名衛侯入于夷儀亦不書名乃是常事而傳怪燕伯不名者衛侯朔入于衛傳曰朔之名惡也則諸侯有惡出入皆名此燕伯亦出入宜名但不以高偃挈之故直出書名而已頓子不名者為楚微者所納故亦不名衛侯入于夷儀不名者以復歸有名故未入國略而不名也鄭伯突亦未入国書名者以從不書復歸故入擽居名也　傳季孫

氏不言意如而云氏者欲見累世譖公故也　傳夷狄交伐　麇信云夷狄交伐謂楚伐徐晉伐鮮虞是也范云夷狄謂楚也則與麇信不異耳　注鮮虞至意非　鮮虞姬姓白狄也者世本文也云甯所未詳是穀梁意非者疑鄭以厥慭之會謀救蔡者作穀梁〻意也若然范荅薄氏亦言楚滅陳蔡而晉不能救棄盟背好交相伐攻者范云以楚滅陳蔡晉不能救者不擬厥慭之會故也　十三年于乾溪　左氏以為田獵于乾溪公羊以為作乾溪臺三年不成范云乾溪楚地則從左氏也　傳自晉〻有奉焉尓　重發傳者楚比之歸〻實非弑嫌自亦非晉力故復明之　注自冝別書之　齊小白入于齊〻人取子糾殺

之齊陽生入于齊〻陳乞弒其君荼彼各異書明知此亦宜別書之　傳弒君云云　弒君日不辨嫡庶者中国死者正則日不正不日是楚不関中国之例故范注引商臣為證也當上之辞也謂不稱人者以殺而云公子棄疾殺公子比如王札子殺召伯毛伯也　傳比不至故嫌也比歸稱公子今棄疾殺〻之亦云公子不言弒其君是比无欲為君之嫌異于无知祝吁之類也然无知祝虚有嫌此亦不稱君未踰年之主例不得稱君以稱公子則異于祝吁之類齊公子商人弒舍雖未踰年欲成商人之罪而稱君若成棄疾之罪亦應稱君故范決其不言弒其君也春秋不以嫌代嫌者謂比歸而遇弒雖則无嫌棄疾之意亦以比欲為君之嫌而殺之是棄疾以比為嫌棄疾殺比

而自立亦是嫌也今棄疾不以国氏者不以嫌代嫌故也若以嫌代嫌而當云楚棄疾殺公子比也但由不以嫌代嫌故存棄疾之氏耳棄疾主其事故嫌也傳言此者棄疾殺比理実有嫌但為不以嫌代嫌故經无其事傳以棄疾經無嫌之故云棄疾主其事故嫌也主其事者主殺比之事也　注當從外盟不日　知外盟不日者隱八年傳曰外盟不月此其日何也諸侯之參盟於是始故謹而日之是非始則不日也　注於盟至之義　釋曰注言此者解傳稱謹而日之意也於盟則并謹而日之美者謂傳稱其日善是盟是也於歸論至美之义者謂傳云善其成之會而歸之故謹而日之是也　傳使如至滅也　傳言此者擬其稱爵言歸同於旧有国之例也不与楚滅也謂不与

楚滅故以失国辭言之不言復歸者雖同失国之辭實未
嘗有國故不得言復歸也公羊傳云此滅国也其言歸何
不與諸侯專封也其意不與諸侯專封故使若有国自歸
者穀梁以此會劉子在焉楚以無道滅二国諸侯王命存
之不得云不與諸侯專封也故以為善其成之會而歸之
狀同旧有国然且又不與楚滅　也　注變之至不葬
徒不赴我不會又小国　夷狄不書葬者也舊史之常也
言变之言不葬　謂旧合書塟故有而仲尼改之也小国
不塟曹許之書葬者小国謂附庸之属非曹許也　傳失
德云云　此言失德不葬宋共書塟者由賢伯姬故書其
葬也弑君不葬春秋所以有弑君書葬者弑君賊不討之
不書葬是正也　其書葬者皆意有所見也蔡景不忍使父

失民於子陳靈公明外之討賊蔡昭以盜名不見若死殺
徵人不足可録其衞栢齊襄二人並討賊故皆書葬也滅
国無臣子不葬是其正也書之者亦意有所見此見
楚滅蔡滅且成諸侯之事八年陳哀公書葬者亦見
楚滅閔陳而存之也　十四年　傳大夫執則致　義異故
各發傳也　八月莒子去疾卒　不正前已見訖今卒書
月莒行夷禮故無嫡庶之異　傳曹莒至異也　傳言此者
揔而言之則小国無大夫也就事而釋則曹莒有異故傳
辨之　注曹叔至之国　曹是文王之子封於曹者世本
文在甸服之内者定四年左氏文　十五年　傳曰禮也
礼則不疑而曰有変以間可乎似有嫌嫌則非礼非礼何
以言礼也解云祭祀重礼国之大事一物不具則為失所

以卿佐之卒而闕先君之樂而不止祭嬿有失礼釋之復
言可乎問言礼意　傳君命無所不通　解命告也大夫
與君一體情無疑二祭祀雖重以卒告君當哀其喪而
上祭不得　廢重故死可以聞也　十六年　意如如
晉　葵上解去有
傳進楚　所有别
客主不施直不言及戓在上戓在下寀宋衰伐　云及在
上所以惡宋衰宣十二年邲之戰楚言及在下所以不惡
楚者據無罪言之直用立得理則客直　楚稱及而在上
與邲戰之義反嬿惡楚而善吴吴以伯　辞序上稱及
以罪楚兩夷言戰有違常例二國　直得失未分故須起
例起例而明之　十八年　傳其志至以同日　釋曰二

文釋何解襄九年宋灾傳曰故宋也明外災得書曰然則宋常録三国事非常也故傳曰同日也解衛陳鄭得書之意以此故復問外災不日之義見同日故不得不兩文釋之鄭子産之言明天時人事報應有驗重其同日故經書其文傳其事刘向 爲宋陳王者之後衛鄭之周同姓時景王在劉子單子事王猛召氏立王子朝朝楚之出也及宋衛陳鄭皆外附於楚无尊周室之心後三年崩王室乱故天災四国若曰不救反從楚棄世子言不正以害王室明以同辜 十九年傳正卒至責止也 責止則實実文不可虛加而復書葬以赦解止進藥之罪不由於醫罪連於許君故書弑責止止實不弑宜書葬以赦之春秋子弑父皆非子失教訓之道獨於此見之何有義而然因其可

責而責之若商臣蔡般之流行同禽獸不得為小人非可
責之限故傳詳例於此　二十年　傳曹無大夫　再發
傳者何解前宗曹羈之殺此重公孫之奔〻殺異辞而同
例發明明其俱賢而得書明小国無大夫　傳盗賊也
復発傳何解殺大夫稱人者謂誅有罪故盗殺三卿云不
以上下道明大夫之例毋兄之来宜繫於君自殺也不能
保存毋兄今為盗所殺故書兩下之文以至賤而殺至貴
故不得言上下道稱盗雖同本事例異故發傳也　注月
者蓋三卿同至害重也　釋曰宋萬以一卿而詳之又弟
辰以五大夫而不月何解　萬又出月見宋人不討賊致
令得奔故謹而月之弟辰為仲佗所彊元無去意為患輕
故不月　二十一年　自陳至焉爾　復發傳何解從外

之叛而加自自實有力嫌其言自叛不由外納內復言內弗受也與入邑異例不受為同復言以有嫌異於竊盜也者故發例同之　注言不作亂　釋曰則作亂不得言叛當以作亂書栾盈良霄是也傳言叛是與作亂異也　二十二年　傳秋而至蒐事　釋曰何以發傳於此解大蒐有五八年發例見正識不正比蒲之蒐在夏之末承秋之初尚可以蒐此則承春之首不可之甚故須發傳以彰甚也　六月葬景王　何以不日解傳言日甚矣其不葬之辭恐其甚不可明日之起之今經言王室亂則甚之可知故省文也　傳以者不以者也　復發傳何解刘单主之重卿猛王之庶子以貴制庶嫌其義別起例以詳之也

傳失嫌也　經言王猛以王尊何以言當國　春秋以
王為国若言齊晉今言王猛不言子與無知同文故曰當
国也　二十三年　注不日在外也　案諸侯之卒不日
以明處不以外為異傳曰諸侯時卒惡之今東国奔鯔何
以書月鮮許用新臣卒上言伐楚下言卒充明其在楚處
子而卒卒而不日昏時在外大平明故也蔡侯肸在內而
卒卒不書日傳曰惡之今蔡侯東国上言東以貶之下言
言卒於楚諸侯之奔例不書卒今蔡侯之卒見奔鯔處国
而死惡之可知以在外以明惡故書月以顯之　注又奔
鯔国故不葬　釋曰諸侯奔死於他国例不卒何直不葬
有義而然、諸侯不卒則已卒宜有葬〻不書者又有所見
又不必同或從釋得今蔡侯不卒卒於鯔国書卒不如塟

傳中国不言敗　釋曰釋有滅棄經戰于韓獲晉侯戰于大棘宋師敗績獲華元中国不言敗直言戰于雞甫敗頓胡沈蔡陳許之師胡子髡沈子盈滅足以言敗解言楚人及吳戰于長岸傳曰進楚子然則郯之戰直在楚以中国不言敗今吳无進稱為夷狄故不稱戰及敗績以稱其滅足矣吳沈之君亦明吳之不進也　注與華元同　釋曰國書亦然而无傳釋而經文有異何得稱同解華元有故而止文雖不同明夷之義則別国書文同而義同也　傳始王也其曰天王至之也　釋曰注云天子踰年即位稱而敬王踰年而出故曰始王天子之稱天王是常礼也而傳云始王注云踰年者未通此傳之意解乎猛當国朝亦非正景三以三十一年夏四月崩六月葬刘單二子以王猛居于

皇復入王城冬而猛卒至今敬王踰年而既葬所繼者承
王猛之卒是年七月敬王立當踰年既葬之例此歲尹氏
立子朝將畜神器天下　惧其主無雖復當称其所在著
其始王也　傳立者不宜立者也復發傳何鮮謂晋得
衆言立矣非所宜此子朝失衆独在尹氏故言立以注不
宜文同而义異故復發傳別嫌尹氏之朝注云嫌朝是尹
氏之子夫国之大事莫善繼統〻〻之道勿盛嫡胄繼無
承重宜擇立其次故單子刘子立猛文称當国其次乎无
爭故獨言立言立彰不宜明有篡王之意今周室雖衰昰拆
命上四方諸侯称一人之貴繼成康之道滅典法之文存
祭號大名不可虛置巍〻圣室寧得空暇鄙以區〻之小
而以外孫為嗣書其滅亡以為將來之戒況天下重任豈

得異姓尹氏不釋天道不達事人不自立其子當有同心之援不達之罪御假一朝之勢以集四海之士此理灼然而愚夫之所不或何為孔子書經游夏為傳經於不疑之中而彊生疑傳於无嫌之義而巧出嫌恐朝无尹氏之子為當有旨解周室大亂骨肉乖離故王猛有篡奪之心單刘懐翼戴之志敬王孤立猛卒之後而朝逆尹氏之世卿婚媾王室禍乱之基國可奪之初自立或招衆寡之众集負險之民堅冰之際或有无妄之會經別嫌尹氏不亦宜乎衰乱之世何所不為鄙立異姓周亦至疑ヒ而須別ヒ嫌立朝者此其至矣　傳有疾之晋也　解公之如晋四不得入假言有疾実由季孫之入入今実有疾別　无実而反也　二十五年　傳一有至中国　者何解

鸜鵒者飛鳥與蜚蟚異稱有為同故重発傳　来者来中
國也何嫌而别觧蜚蟚不言来不見所從麟不言来者欲
但於中国不外之　傳孫之至奔也釋曰復発傳者解前
発例於夫人今復発例於公明其同又以别尊卑之辞詳
略也　傳弗失国至魯也　釋曰言弗足以釋之復言不
入於魯也則曰言者彰公失国言不得入魯也国事之辞
言何以書唁而不詳其文注来公所以卒於曲棘者欲謀
納公　釋曰案諸侯之卒卒在外書地書地縱不納公何
以得畧以見又解諸侯卒昏地者地有遠近国邑之别故
鄆邑非国晉侯因會且而卒鄭伯未見諸侯之所許男朝
楚蔡奔雖国四者地書地有所由今曲棘非国是夫喻竟
當從鄆邑之例既明矣釋以謀納公為又義叶鄆邑而不

例不異　傳取易辞　釋曰與濟西讙闡同異若何解取
者易之辞易辞之義兼外內外內之釋雖同同而事別異
異則反覆之故曰公取之言非季氏之賂忠臣之意非実
易辞尊君抑臣与濟西同文前不異外之易者実易宋取
鄭師是也　二十六年　注据公但至陽州　後如晋出
致不同傳以見出至解公初至於陽州後如晋乾侯出不
同傳以見斉侯為义雖至陽州可以斉至明乾侯之至不
見晋侯初下二十九年注云以乾侯至不得見晋侯故
傳公在外　又曰前不外公言外何解言外者据内生名
公雖出奔臣子不得外公存録之如在国在国之文
実同故言居鄆以別之　傳非国不言圍所以言圍者以
大公　釋曰何解凡邑不言圍指小都々之大者則国比

文是於三家彊大邑過百乘比之小国〻家之患良由此
起昭公圍郕〻〻人不服而臣之邑不順季氏之權得國
之資圍而不克故以大公為文然則武〔定〕公雖墮三都成人
不肯公伐不克故傳以大釋之書致為異故傳釋之此不
致者齊无難公之言不以適齊无爲危至如長葛言圍非
常見義乃殊故傳不異　傳義不外公也　復發傳何解
自齊為虛至自會為実文与虛致嫌義有殊故發不異也
傳有入无出也　王曰傳言周而復始何解彼明上下
一見則同有出文故言周言周有入无出明天王之身入
與出故發者〔也〕傳注奔篡至遠矣釋曰傳言奔直奔也何嫌〻
而發解非也非責之非責其遠矣獨言遠者傳云於周
公著例見上下之文然則文子瑕不言出是常〻文而無〻

大罪則從例可知故省文至於尹氏周室之微弱而日月不誅子朝使之奔不足可責遠矣則刺諸侯諸侯謂宋衛陳鄭外附於楚子朝之旧華戎同心而叛天子不能誅則宜遠責諸侯乃經解傳宣其責矣傳既責遠愧奔亦異故曰奔直奔也傳曰奔之惡也惡其奔雖子朝之奔々雖而曰直奔惡諸侯之叛刺其不誅也　二十七年　傳公在外也　釋曰發傳不同而起例何解公前孫而至今如齊不言孫反而言至至言居于鄆故傳言公在外也異義而文別故重言例而文省則義同義同亦在外何知也　二十八年　公如晋　解與發國之文同故傳言公在外也明從鄆如齊不釋言次之言在外亦　故　二十九年

傳唁公不得入於魯也　復發傳何解前齊侯唁公于野

井野井斉地今夾咭公于鄆〻是魯地魯地而言咭言不得入於魯国都謂宗廟所在咭有遠近人有尊卑君臣同文故重發例也　傳皆無公叔倪之卒事無公而曰皆何解經言宋公佐卒于曲棘傳言那公也今叔倪復卒傳曰皆無公也　傳濆之為言上下不相得也　重發起例何解上下不相得之為罪與国同故例詳之此年三月次于乾侯未还于鄆冬而鄆濆言自濆不責于公故言亦譏公也　三十年　傳曰国至公故也　注中国猶中国也凡言中国指謂魯也中国指其諸夏諸夏為中国據夷狄為外案成昭適晋並踰年而不言在褒二十八年公如楚二十九年書公在此傳曰閔公也為楚所致存録之然則此文中国国中何為变中国者何解中国踰年不年在親

倚之情如国莫二比之国中不以言中非諸夏且昭以二
十五年出奔二十六年居鄆是魯地不存公二十七年二
十八年亦如之至此 竒在乾侯乾侯為晉地明公去魯竟
如入於晉界不復重还遂卒于外雖復生存居地壞于予
來歸來不居慈日故傳以有故釋之所以閔公范例云在
有故言在非所在也 注月者為下奔起 宋滅中国中
日出奔月輕於滅滅夷狄時奔何得更月鮮苍溥氏云國
不滅而出以月為国国滅倒而出出重奔於滅夷狄雖時
猶加以月然則温子不滅而 何以 月有義而然弦
子之奔文承八月之下温子以 在正月之後何知不月
傳於弦子滅言不日微国微国則 月則不閔於君出
君出之重不大於滅国范云出重於滅 旣滅其国君不

死难比之常奔恒滅則為重矣滅在月例若君奔不復加
日明滅重矣月亦是譚子出月月閔滅國滅国與之同同
例在不日傳於滅国詳略之更於潞子嬰夷狄之遠例於
節亡見中国之变稱義例成矣潞子之定從自盟滅君君
或出奔名為罪皆有罪故注譚　云蓋死罪今注章羽明
不復疑名為有罪譚子言蓋曰邾益之名義見矣故章羽
從正例而不疑也　三十一年　傳唁公至魯也　釋曰
復奔傳何解范例云唁有三弔失国曰唁唁雖有三弔失
国三三釋一而已不入魯界有三文知言唁嫌與魯異其
言不得入魯明弔失国而異今地晉而受晉納公有可入
之理故言唁公不得入于魯也　傳言來奔內不言叛
釋奔重奔傳何解昏黑肱不繫邾嫌其專地不責叛罪輕

故言來奔不言叛罪自顯也　三十二年　傳天子之在者唯祭與號　釋曰以此乃言周衰變之正重復起傳何解乎桓之世唯復礼樂出自諸侯猶有享覲之襄王出復出居猶賴晉文之力札子雖云矯殺王威未甚屈辱至於景王之崩嫡庶交爭宋衛外附楚亦內侮天子独立成周政教不行天下諸侯无桓之文伯不能致力於京　權柄委于臣子故大夫相率而臣之比之在礼故釋不異辭因變正也

春秋谷梁疏卷第十

春秋穀梁疏卷第十一　定公

唐国子四門助教楊士勛撰

魯世家定公名宋襄公之子昭公之弟以周敬王十一年即位謚法安民大慮曰定　元年　注死在外故　釋曰非正中終案桓公之薨於斉與乾侯不異荘公不即位而書正月何解以十八年如斉至即薨〻而當歳即入〻而荘公既位行既殯踰年之礼但以先君弑而后主不忍行即位之礼今昭公前年薨今年喪入定公既殯不居正月之前欲行即位非踰年之始非始非正故未得即位不得比之荘公　注晋執人云〻　薄氏駮云仲幾之罪自委之王吏非晋人所执故傳云不正其執人於尊者之所也譏执不識無所帰晋执曹衛他処並可言帰若晋人执仲幾

于京師復可得言歸于京師若如此論何以通乎解范荅云晉城成周宋不即後晉為監功之主因而執之此自晉人之事安得委之王吏傳當以執人於尊者之所而不以歸於王者之有司非言其不可以執晉文公執曹衛之君各於其國而並不書國者以其歸於京師故也今執仲幾不書所歸唯舉其地者此晉自治之効若死〔使〕歸于京師于執諸侯同君臣无別也今直執在京師不可言歸此義猶自未通有乂而然上言城成周序仲幾于會於歸言于京師其言足誤天王居于狄泉在畿內而別如若上言城成周下稱晉人執宋仲幾歸于京師俱見執之異如而歸天子今晉於尊者之側而執人之歸以治于国故春秋不與其專執地於京師下文此大大其曰人何微之也何以

知大夫有義而後周之称名大夫相執無称名之例曰此見義明大夫大夫相執不書〻則微之見伯討失所故云〻非謂大夫相执得見於經〻書晋人衛侯歸之於京師與伯執称人不異〻則言侯故曰以晋侯而斥執曹伯惡晋侯也是君臣之別也　注周人至之上　釋曰嫌何而言解喪自外至雖正棺於兩楹之間嫌殯亦然故言西階鄭注礼記以爲殯亦兩楹之間也　傳定之即位不可不察也

解定公即位特異常文者欲言經弒公好卒欲言好卒卒非正終不即入踰年乃至至正月常即位而皆失時時不得同於常礼〻宜異文〻書之在夏是有故欲無故兩文並見即位雖同而時義有別理有所見見必有意故不可不察也　注周道至不往　釋曰今定公之世天子之

存唯祭與號安得云尚明解此傳以重況輕陳上世之事非專今日下成康為未久定公未殯不得即位以臨羣臣輕于王命王命不既得皆殯指謂王與魯並有喪周人弔魯〻人不弔既殯君乃奔喪〻服天子之斬哭泣申父重之情先殯其父後奔天子之喪亦是不奪人之親門外之治義斷恩門之內治恩掩义至如伯禽越紼赴金革之重不拘此例　注九地至是也言非必百谷至而雨祀之設本為求雨求雨之意指為祈谷故周頌噫嘻之篇歌春夏而同盟致於脩雩祀不異故此傳言毛澤未穷人力未竭言人力之功施於衆植種殖之義在于禾黍未聞九品揔稱田毛何所揔解聖人之於四海不偏一物愛人之情特深懷抱百姓所恃莫急於食〻　天〻不降雨加品不育

時澤之來普氾无私雖非百谷亦沾有濟之潤公田以流
逮及之惠弥遠故揔凡品爲毛明天德之道廣列子言山
川之毛指謂艸木公羊所俞非專禾麥寒凉之地本不種
苗鄒衍吹律乃始名生物謂之黍若以此言之公羊所言
不毛鄒衍之前當鄭伯與楚語時也又上傳云冬〻大雨非
正也秋亦曰非正也非正是同而問不異及荅之直釋月
雩爲正則四月龍見常失正固也解成七年冬〻大雨傳曰
冬〻无爲雩也言用禱礼明禾黍成不須雩失時不二故問
同而荅異注當須兩其解也圣人重謝請〻必爲民〻之
卒務在於〻春夏春夏祈谷先嚴其犧牲具其器物謹脩其
禮異精誠有感故一時尽力專心求請求請不得失時時
謂孟夏之節是月有兩先種得成茂實後種更生故重其

二時時過以往至於八月九月脩雨之節不言四月非正也故曰是月不雨則无及矣謂八月求雨雩而得之則昏雨明有及故也是月雩不必有雨而曰无及者人情之意欲其而得故以雨月請是年不艾則无食指謂九月之雩雩而得雨是年有食雩不得雨則書旱旱則一歲无食故曰是年傳於春秋言月季秋言年年月之情以表遠近深淺之辞也 傳請乎應上公 案月令大雩帝此經言大雩文與月令同同祀上帝帝天也而曰上公乂更何取且雩與時本自不同而引禱辞以證雩何解天子雩上帝諸侯雩上公魯與天子同雩上帝上帝既雩及百辟卿士有益於民者即此傳所謂古之神人通乎陰陽使為民請雨故言請請式乎應上天尊不敢指斥故 屬神考異郵説僖

公三時不雨祷于山川以六過自　又曰方今大旱野无
生稼此注所云其祷辞或亦用之故引以明之耳　傳立
者不宜立者也　釋曰重發傳何解不日與武宫異故発
傳范例云宫廟有三者三者文有詳略詳畧見功有輕重
丹楹功少故書時刻桷功重故録丹范荅薄氏云考宫書
丹楹為重是其三文武宫書日范云始築之事然殤安周
書謚法肆行労神曰煬〻宫不日比武宫為輕〻重之例
各以類厶此為范例之故以宫言之立廟之例以立言在
乎不疑之中一事而兩属义有所附故例有四亦得数此
同在不宜之中　傳未可以殺而殺厶重可殺而不殺厶
輕　釋曰隕霜二文不同書故范特為一例傳據独殺蜀
不害余物故以輕重別之菽易長而难殺故以殺之為重

重者殺則輕者死矣輕而不死重者不殺居然可知　二
年　雉門及兩觀災　釋曰解劉向云雉門天子之門而
今魯過制故致天災也　傳作為制度也　釋曰重發傳
何解比災而更脩飾與作南門異故發傳以同之災悪故
尊雉門推災而遠之令新作美好之事雉門雖不正尊雉
門可以親之　三年　公如晉　書月何解昭公四如晉
無有疾為五不月公不入晉則危十三年二十三日乃
復皆不月是其例乃復文承月下不蒙可知昭公即位二
年而脩朝礼無闕而為季氏所譖使不得入公危懼之
意猶數々朝於晉々責其緩慢不受其朝公懼而反非必
季氏所譖公有負於晉而以內畏懼故危錄之　四年
傳事一至疑也穀傳異地而發疑辭今經言會于召陵侵

楚則疑于前會　闕於後而云至於後會也者後志疑何
解楚當時為夷所困削弱矣諸侯侵之易可得志今一會
之中十有九國衆力之强足以服楚不敢深入淺侵邲竟
則責諸侯之疑居然可曉公疑於楚强謂无勇故會盟二
文並見魯公外內之疑兩顯　傳此不卒而卒者夷之也
釋曰又云非列土諸侯此何以卒之也天王崩為諸侯
主也書卒不闕其夷而范例云寰內諸侯非列土諸侯非
列土諸侯而書之者夷之也夷之一文義當兩用解上言
不卒而得書卒之意釋下言夷之猶夷不當卒卒之者以
其為諸侯主明夷之義故得書卒反覆二事皆是為夷故
例復云夷之不二葵丘之者明亦為夷之而采地比之譏
外諸侯故書葬　注其孝甚大其心甚勇　釋曰子胥之

復讎為君臣之礼失事君之道以匹夫之弱敵千乘之彊
非心至孝莫能然也得事父之孝以敬長之道故曰其孝
甚大若夫子胥父欲被誅竄身外奔布衣之士而求干列
国之君吐方矢之志无疑之心故曰其心甚勇　傳君不
為匹夫興師　釋曰然則成湯伯誅葛伯為殺其餉者武
王之殺殷紂称斮朝涉之脛何以万乘之主為匹夫復仇
解湯征葛伯本為不祀之罪〻已灼然〻湯听其順辞使
其亳民為耕葛伯殺其餉者此由不祀而致禍其如殷紂
之罪彼所不尽斬以所不昏故武王致天之罰称斮朝涉
知　吴人之心亦有専為匹夫興師吴子无因諸侯之
怒　子胥之情故言不為匹夫興師得其実論也傳称
子胥云虧君之義復父之仇傳文曲直子胥是非谷梁之

意善悪皆為鮮公羊左氏論难紛然賈逵服　相教
授戴宏何休亦有唇齒之於此傳開端倡同公羊及其結
約不言子胥之善夫資父事君尊之非異重服之情理宜
共均既以天性之重降以義合之輕故令忠臣出孝自子
孝子不稱忠臣令子胥稱一体之重忽元首之分以父被
誅而痛纏骨髓得耿介之孝失忠义之臣而忠孝不得並
存傳不善子胥者兩端之間忠臣傷孝子之恩論孝子則
失忠臣之義春秋料量至理尊君卑臣子胥有罪明矣君
者臣之天天无二日土無二王子胥以藉呉之兵戮楚王
之尸可謂失矣雖得壯士之偏節失純臣之具道傳奉見
其為不言其義〻呉子為蔡討楚伸中国之心屈夷狄之
意理在可知　傳救大也　夷狄漸進未同於中国狄可

以言救齊解救齊是善事今吳狄夷而夏中国故晉称子
然未同中夏故不言救雖書救齊而未称人許夷狄不使
頓倫故也今吳既進称子復昏曰救便與中国齊縱華夷
等迹故不與救若書救當言吳子救蔡〻使以吳子及楚
人戰于伯舉不直舉救蔡而言吳入楚　六年　傳三家
張也　釋之異辭何也凡城之志皆譏傳於冬〻城諸及防
解可城言閒隙無事理実有譏今不釋恐同彼傳言志城
之中雖得閒隙復有畏張後之患还與皆譏之義同武是
義與可城同也　七年　傳以重辭也　前注云已有二
義今注既云凡言以皆非所宜以是一義而曰二何解楚
執宋公兩君相執傳言以重辭別於凡以今此君而執臣
明以国重不言與二君共例故解例同之二义已見故注

更言凡以起義解以者不以者不知釋此文　八年
傳公而往至志也　釋曰復發傳何解莊二十三年起例
公行有危而書月今公伐齊有危危而書月一時之間再
出兵草危懼之理義例所詳故說以明之　傳非其至之
亡　於經何例當之解經言饑止謂二穀不收范宣公之
例五谷不收止在當文康饉无例應之今因盜而發士例
經无應之武說非其所以与人謂之亡是梁伯所行也梁
伯受国於天子不能撫其民人而自失之夫国之利器不
可以示人權之可守焉得虛假君貪色好酒耳目不能聰
明上无正長之治大臣皆叛以国外奔因若自滅故謂之
亡此可以應其義　九年　傳其不地何也　抑何　文
而責地解此抑獲物有地經言戰于大棘獲宋華元宜

蒙上地故抑彼此　傳不目蓋也　注況陪臣專之乎恥甚而不日其地　釋曰下或曰陽虎以解众也还陪臣何以異之解上說不目蓋明失之為辱得之為榮榮而言地地是陪臣之所居魯邑奪陪臣之得可以明免恥何為不地夫以千乘之国而受辱於陪臣雖得為榮書地則恥或曰之義得非魯力也陽虎切国重宝非其所用畏众之討送納帰君故書而記之　十年　一會之怒三軍自降若非孔子必以白刃喪其膽核焉敢直視齊侯行法殺戮故傳以夾谷之會見之矣後世慕其風軌欽其意氣者忽若如是毛遂之亢楚王藺子之脅秦王俱展一夫之勇不憚千乘之威亦善忠臣之鯁骨是矣亞聖之義勇　十一年傳未失其弟也　宋辰以前年出奔離骨肉之義今

載入邑有叛国之罪失弟之道彰於經文而曰未失何也
解公不制能御彊臣以抚其弟而使二卿脅以外奔故著
暨以表彊辭称弟以見罪〻在仲石亦可知矣今而入国
兩子之情非辰之意書及以辨尊卑言弟以显無失然則
自陳之力力由二卿入肖之叛專歸仲石故重発例以明
無罪　十二年　注墮非訓取　　釋曰釋言墮猶取也取
其訓而曰非者何休难云當言取不言墮实壞耳充取於
訓詁鄭君如此失之今經墮而為義　注以公之重而伐小
邑　案例国曰圍今邑而言圍則大都大都則皆是国而
曰小邑何解經書功名成非小是故言圍公一国之貴重
成三家之大邑邑比於国為細擬公為小比於凡邑則大
矣故書曰圍　十三年　傳叛直叛也　不解入而重発

叛例何解趙鞅自入已邑不從外入入者内弗受也以其
無君命於義不受同書入之非專不受故但釋其叛非实
叛故下書歸明之非叛而書叛昏叛非真叛也故重發傳
也　薛弑其君比　不日月何解傳言剽不正其日何然
則庶子為君而被弑則不日而月之傳曰諸侯時卒惡之
宜從此例薛比書時亦其惡也　十四年　傳貴復正也
釋曰從有先公前有失正之文於後言貴復正今復正
前无失正之文而曰貴復正何解復正之文与同義須有
異天王不行礼於魯失正矣今由石上而歸脤美之故曰
貴復正也　大蒐于比蒲　文承秋下注云城莒父云无
冬者舜空　詳然則大蒐在秋々則常事々々事不書々之
者何解昭八年秋蒐于紅傳曰正也正所以譏不正從比

蒲大蒐失礼因此見天子　以十三年大蒐秋事而於
夏行失正至此十四年　正以明前不正也　注无冬
寗所未詳　桓七年云　今不言下何解桓七年
夏有人事而秋冬二時不書後无人事故云下今此上有
秋下有人事有人事而无冬故直云无冬冬不言下明冬宜
在人事之上也　十五年　傳不敬莫大焉　凡鼠食牛
皆是不敬而曰莫大何解成七年鼷鼠食郊牛角過有司
也改卜牛鼷鼠又食其角歸罪於君皆道其所傳明不敬
之罪小今牛体徧食不敬之罪大也　傳尚寝非正也
重發傳何解高者大名嫌其路寝之流故重發明之
傳喪急故以奔言之　奔喪之制日行百里故傳言急所
以申匍匐之情也　注邾滕魯之属国　釋曰將何擬也

解范荅蒲氏云屬国非私屬五国為屬〻有長曹滕二莒
世屬服事我故謂之屬　注近則未至書非礼　若如此
注意以奔喪為礼會葬為非然則王者之喪諸侯會何文
證若以會塟非礼何以范例云會葬四案經有三范揔云
會塟礼何解傳言奔喪〻急不言非礼可知諸侯自相會
葬傳無釋文乃釋天子之會葬云其志重天子之礼又曰
在比上明其別于諸侯傳曰周人有罪魯人有喪周人弔
魯人不弔周人責魯人曰吾君親之是以知王者之喪諸
侯親會之范云四〻當為三古者四三皆積畫字有悮耳
會葬　礼也　拠釋天子之大夫來會葬言者重天子之
礼故范例舉之不謂皆是禮也　傳例既有日　重發傳
何解頃熊夫人今此人君嫌礼異故發傳以明之且彼言

日中此言日下即彼言而此言乃文並不同釋既不異義
体相佀　注宣八年　注詳矣范例云克例有六則數何
文以克之觧鄭伯克段一不克納二雨不克葬日中不克
葬各二是謂四通前二爲六也

春秋穀梁疏卷第十一

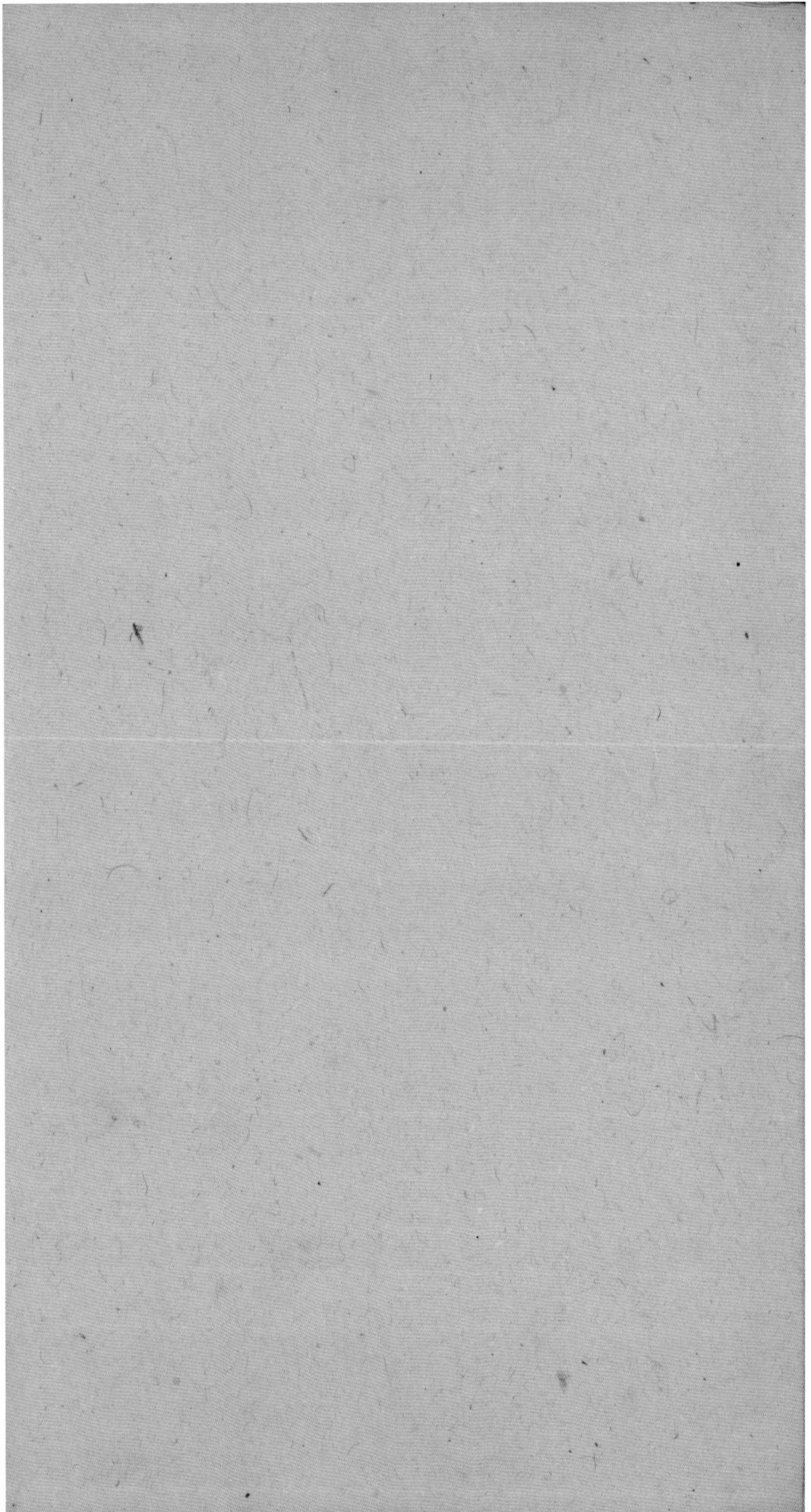

# 春秋穀梁疏卷第十二

唐國子四門助教楊　士勛　撰

## 哀公

哀公名蔣定公之子敬王二十六年即位十四年西狩獲麟春秋終矣二十七年薨謚曰哀周書謚法恭仁短折曰哀　元年　注隨久至微也　釋曰僖二十年冬楚人伐隨以来更不見經將是哀微不能自通於盟會故也本爵俱侯者隨在侯爵自僖二十年見經至今俱侯盟更不為貶黜但土地見侵削故微耳昭八年楚師滅陳十一年楚師滅蔡十三年諸侯會于平丘而復陳蔡故經書蔡侯廬歸于蔡陳侯吳歸于陳是有文見復也其許男則定六年鄭游速率師滅許以許男斯歸其間更无歸文今許男復見經者明是許男自復　傳此該郊之變而道之也

釋曰郊自正月至于三月郊之時也三卜礼之正凡書郊皆譏範例云書郊有九僖三十一年夏四月四卜郊不從乃免牲猶三望一也宣三年郊牛之口傷改卜牛牛死乃不郊猶三望二也成七年鼷鼠食郊牛角牛三也襄七年夏四月三卜郊不從乃免牲四也襄十一年夏四月四卜郊不從乃不郊五也定公哀公並有牲變不言所食処不敬莫大二罪不異并為一物六也定十五年五月郊七也成十七年九月用郊八也及此年四月辛巳郊九也下傳云子之所言至道何也然則擬此而言牛有傷損之異卜有遠近之别亦在其明　注於災變之中又有可善而言者

釋曰郊牛日月展視其斛角而知其復是展道尽矣即於災變之中有可善而言者但備災之道不尽致此天災

而鼷鼠食角故書以譏之也　注不時之中至可也

釋曰自正月二月三月此三春之月是郊天之正時也若夏四月五月以後皆非郊月如其有郊並書以示譏然則郊是春事也如郊在四月五月之中則是以夏始承春其過差少若郊在九月之中則是以秋末承春其過差多則自五月至八月其閒有郊亦以承春遠近為過之深淺也

注鄭嗣至三也　釋曰如嗣之意以十二月下辛卜正月上辛卜為郊之時則於此一辛之上卜不吉以至二卜不吉以至三卜求吉之道三故曰礼也　四卜非礼也

釋曰僖三十一年以十二月下新卜正月上辛不從則以正月下辛卜正月上辛不從則以正月下辛卜二月上辛不從則以二月下辛卜三月上辛所三卜礼也今以三月

以前不吉更以三月下辛卜四月上辛則謂四卜郊非礼也成十年以四月以前四卜不吉又於四月下辛卜五月上辛則五卜彊也非礼可礼鄭嗣之意亦以一辛之中卜至於四五月也一辛之上三卜礼也四卜五卜非礼也然則四卜云非礼五卜変文云彊者四卜雖失猶去礼近容有過失故以非礼言之若是五卜則是知其不可而彊為之去礼為遠故以彊釋之　傳子之所言云云　釋曰上言子者弟子問谷梁之辞而曰我者是弟子述谷梁子自我之意我以六月者是谷梁子荅前弟之辞我以六月上甲始庀牲庀具猶簡釋未繫之待十年然後始繫養若六月簡訖以後有変則七月八九月上甲皆可簡釋故傳云六月上甲始庀牲明自六月為始七月八九月皆可簡牲

自十月繫之有變則改卜卜取吉者十一月十二月亦然
是繫之三月也故傳云十月上甲始繫牲十一月十二月
牲雖有變不道也是也待正月然後言牲之變周正是郊
時之正如其牛有變然後言之二月三月亦然重妨郊故
也此乃所以該郊　釋曰自六上甲始庀牲十月如繫
牲自十二月以前牲雖有變不道自正月然後云牲之變
乃不郊十免牲吉與不吉如此之類皆是該備郊事言牲
變之道盡〻悉也　傳子不至正月十郊何也　注三月至
二月也　釋曰既言十二月下辛卜正月上辛正月下辛
十二月上辛二月下辛卜三月上辛怪經不書此十二月
正月二月之卜郊故闕之也　二年　注蒯聵欲殺母靈
公廢之　釋曰案定公十四年左傳云衛侯為夫人南子

召宋朝會于洮大子蒯聵獻盂于斉過宋野〻人歌之曰既定尒婁豬盍歸吾艾豭大子羞之謂戲陽速曰從我而朝少君我顧乃殺之速曰諾乃朝夫人夫人見大子大子三顧速不進夫人見其色啼而走曰蒯聵將殺余公執其手以登台大子奔宋是也云當稱其子某者公羊云君在稱世子君薨稱子某既葬稱子踰年稱君范取公羊為說也云如齊子糾也者莊九年九月斉人取子糾殺之是也云鄭世子忽反正者明文者指十五年鄭世子忽復歸于鄭傳曰反正也然則鄭世子忽反正春秋不非稱世子則蒯聵稱世子亦是反正不非之之限是其子糾稱子某但以公子之中為貴謂是右媵之子非世子與鄭忽蒯聵不同如熙之意則蒯聵合立而輒拒父非是也　傳信父而辭至

王父也　釋曰輙先受王父之命而有国今若以国與父
則是申父也若申父而辞王父則是不尊父也何者使父
有違命之愆故其不受使父无違之失則尊父也　注斉
景至書篡　下六年斉陽生入于斉〻陳乞殺其君荼傳
曰陽生正荼不正不正則其曰君何也荼雖不正已受命矣
此與莊九年斉小白入于斉同文則称名書者皆一辞也
然則蒯聵若已被廃則當與陽生同文称衛蒯聵入戚不
得自称曩日世子　注矛楯之喻也　釋曰莊子云楚人
有賣矛及楯者見人来買矛即謂之曰此矛何不徹見人
来買楯則又謂之曰此楯無何能徹者買人曰还将爾矛
刺尔若何然則矛楯各自言之則皆善矣若相対言之則
必有不善者矣喻今傳文輙若申父而辞王父是不受父

則蒯聵為父為不善若以鄭忽称世子以明反正則輒之拒父為醜行亦是非不可並故云矛楯之異也　注七月葬至故也　釋曰隱五年夏四月葬衛桓公傳曰月葬故也月葬憂危最甚不得備禮葬也此月葬故知有故也彼注云有祝吁之難故此則蒯聵之乱故也　三年　注戚繫至于衛　諸侯有国大夫有邑大夫之邑国君之有若言圍衛戚繫衛便是子〻而圍父也故以国夏為首也　注遠祖至不言及〻　凡言及者皆以尊及卑苟者不言及若自祖言之則有昭穆昭尊可以及穆若自我言之則遠祖親尽尊卑如一故不言及案左氏孔子在陳聞火曰其桓僖乎言庙應毀而不毀故天災也　四年　注以上至類是　祝吁弑其君完隱四年經文祝吁称国称名及言

弑其君者是下道言弑其君謂此死者是其臣之君而臣弑之故以君臣上下道道之今不称名氏直称盗匕是微賤称賤不称弑其君者則此死者非是盗者之君則盗䟽外無君是不在人倫上下之序　傳內其君至道也　釋曰由尊內其君而䟽外弑者故不與䟽外者得弑君之道道之故抑之為盗若鄭伯姬原実被臣弑其書自卒抑臣為夷狄之民亦是也　傳辟中至以求利　釋曰辟中国之正道而行同夷狄不以礼义為主而微幸以求名利若齊豹之類故抑而昏盗者也求掩也謂求利之心不以礼义為意也　注殷都于亳　釋曰書序云湯始居亳從先王居孔注云契父帝嚳都亳湯自商丘迁焉故曰從先王居又盤庚五迁將治亳殷是都亳之事　注丘亳至之

外　釋曰周礼建国之神位左宗庙右社稷彼謂天子諸侯之亳社稷霜露者周礼又云决陰事于亳社明不與众同処明一在西一在東故左氏曰間於两社為公室輔是也　冬十月至蔡昭公　釋曰諸侯時葬正也今書月者以明危亦見不葬不書葬者春秋賊不討則不書葬若不書葬則見賊不討今書葬者使若是者实是盗微賤小人雖討訖不足録　五年　注閏月至不數　釋曰而經書閏月葬者年若數閏則十三月故書閏月葬以見喪事亦不數之例　六年　注不日荼不正也　釋曰隱三年八月庚辰宋公和卒傳云諸侯日卒正也荼不日是不正也　注荼弒至立乃後殺　釋曰案上六年經書齊陽生入于齊陳乞殺其君荼傳云陽生入而弑其君以陳乞主之何

也不以陽生君荼也是荼殺之後陽生乃立案莊九年夏齊小白入于齊九月齊人取子糾殺之是小白立乃後殺也義適互相足者莊九年傳云小白入于齊惡之則陽生入于齊亦惡之此年傳云陽生其以國氏取國于荼也則小白以其國于亦取國于子糾也　推之適互相足故鄭云子糾宜立而小白簒之　于子糾則將誰乎是也

七年　注夫諸侯至歸于京師　釋曰僖二十八年晉人執衛侯歸之于京師傳云歸之于京師緩辭也斷在京師也是衛侯有罪晉文伯者執之尓以歸于京師之事

注故曰入以表惡之　案范例云僖二十八年三月丙午晉侯入曹執曹伯畀宋人傳曰入者内弗受也日入惡入者也次惡則月擲此日入于彼例同故知日入以表惡之

春秋有臨天下之言焉　此下三者皆以外内辭别之王者則以海内之辭言之即僖二十八年天王守于河陽傳曰全天下之行也是也王者微弱則以外辭言之即僖二十四年天王出居于鄭傳曰失天下也是也　有臨一国之言焉　此亦拠内外言之若宣九年　晋侯卒于扈傳曰其地于外也其日未踰竟也既以内外显地及日是以一國書之　有臨一国〔家〕之言焉　釋曰家謂采地若文元年毛伯来錫公命定四年刘卷卒其毛刘皆采邑名大夫氏采為家大夫称家是以一年言之也　其言来者有外魯之辭焉　釋曰凡言来非已内有從外始来即邾庶其以漆閭丘来奔是也今昏秦侯以邾子益来而文與庶其正同文切直者有外魯侯之辭焉尔　八年　益之名失

國也　釋曰經書歸邾子益于邾則益得国而云失國者
邾益不能死難而從執辱於王法而言理當絶位魯歸之
不得无罪故書益之名以明失国之惡也　九年　傳以
師而易取鄭病矣　釋曰凡取書皆易辭今以鄭師之重
而今宋以易得之辭言之鄭之將帥微弱矣亡君之咎本
由君不任其才故爲鄭国病惡　十年注傳例曰惡事不
致　釋曰襄十年公會晋侯云云斉世子光會吴于柤傳
曰會夷狄不致惡事不致是也云傳曰不致則无以
事之成也者案莊公五年公會斉人　惠王數迎天
王之命也六年公至自伐衛傳曰惡事不致此其致何也
不致則無用見公之惡事之成也是也此年二月公會吴
伐斉之喪是惡事宜不致而致亦以見公惡事之成也

十一年　注與華元同義　宣二年宋元帥師及鄭公子帰生帥師戰于大棘宋師敗績獲宋華元傳曰或者不與之辞也言尽其衆以救其將也以三軍敵華元華元雖獲不病也是與此同　十二年　用田賦　釋曰古者一丘方十六井一百四十四夫軍賦之法因其田財通出馬一疋牛三頭今乃分别其田及家才各令出此賦則一丘之田出馬二疋牛六頭故曰用田賦言所宜用也謂之田賦者古者但賦其家財今又討田貢故曰田賦也　注古者九夫至為丘　釋曰案周礼小司徒職九夫為井四井為邑四邑為丘四丘為甸然則井方一里九夫邑方二里四井三十六夫丘方四里十六井百四十四夫甸方八里六十四井五百七十六夫軍賦之法丘出馬一疋牛三頭甸出

長轂一乘馬四疋牛十二頭甲士三人步卒七十二人此
甸八里拠実出賦者言之其畔各加一里治溝洫者司馬
法城方十里出革車一乘者通計治溝洫者言之其実一
也今指解經云用田賦者是丘之賦者故云九夫為井十
六井為丘也然經只云用田賦而知使丘民者以成元年
作丘甲則知此用田賦亦令一丘之民用田賦也宣十五
年初稅畝則計畝以稅所稅畝十畝稅其一此則通公田
十一而不畝計故彼言稅而此言賦也　注丘賦至
凡丘賦　民之所受公田十一及私家之才通
出馬一疋牛三頭以一丘之民共出此賦以家才為主
賦令又分別其所受公田各令出此馬牛之賦故曰
用田賦也論曰哀公云二吾猶不足如之何其徹也即此

田財並賦之驗也　傳古者公田什一用田賦非正也
釋曰凡受農田皆私田百畝公田十畝但私田皆
公家所受故揔曰公田什一則以田之十一及家才而出
馬牛之賦是其正也今魯用田与才並出馬牛之賦非正
也　注古者五口之家受田百畝周礼小司徒云家
七人可任也者家三人鄭注云一家男女七人之上則授
之上地所養者衆也男女五人以下則授之下地所養者
寡也正以六七五爲率者有夫有婦然後爲家自二人以
至於九人爲九等則六七五爲其中也出老者一人其余
彊弱相半比其大數也然則周礼七人五人六人三等范
唯言吾之家受田百畝指七等言之其實六人七人亦受
田百畝與周礼不異也爲官田土畝者受田百畝之外又

受十畝以為公田是為私得其十而官稅其一故漢書食
貨志井田一里是九夫八家共之各受私田百畝公田十
畝是為八家八十畝余二十畝為廬舍則家得二畝半凡
家受田一百十二畝半也今傳言公田十一者舉其全數
拠出稅言之周謂之徹殷謂之助夏謂之貢其實一也者
出孟子文彼云滕文公問為国於孟子孟子対曰夏后氏
五十而貢殷人七十而助周人百畝而徹其食皆十一是
也然三代受畝悉皆十一夫則皆一百一十畝夏后政寬
計其五十畝而貢五畝於公經文計定七十畝而助七畝
於公周人尽計一百一十畝而徹　　　　　　　一而
稅為天下通法故詩云徹田為　之也皆通　孟子云
重之於堯舜大桀小桀輕之於堯輕大貊小貊什一而稅

頌声作則什一而税堯舜亦然是為通法也貢其堯舜則
者公田什一是堯舜之時明此什一之法也范說不與先
同其先儒皆云十一者十中税一耳　注葬　至書
葬　釋曰莊二十二年葬我小君文姜經　其氏卒文稱
夫人准弋氏應書葬不言者知諱同姓故范例夫人薨者
十夫人之道從母儀即桓公夫人文姜一莊公夫人哀姜
二僖公之母成風三文公之母声姜四宣公之母頃熊五
成公之母穆姜六成公之嫡夫人齊姜七襄公之母定姒
八昭公之母歸氏九哀公之母定姒十八者　隱
公夫人從夫之讓昭公夫人諱同姓二者皆不　也
十三年　取易辭至病矣　釋曰上九年宋皇瑗取君鄭師
今鄭罕達取宋師其事反嫌宋為人所報非宋之病故重

發以同之　注及者至也　釋　者外
為主焉尔今言公會晉侯則晉為主於〻　〻公往會之
既以晉侯為主會无二尊故言及以卑吴也則与柏二年
范云年會盟言及別內外也尊卑言及上下也~~亦~~亦同何
肯外吴而尊晉則內外序上下也　注文身至之害
釋曰荆楊之域厥土塗泥人多游泳故刻畫其身以為
之文與之同類以辟其害　傳云欲魯之至而襲
釋曰魯是守文之国礼儀之鄉晉執中國權為諸侯主
盟故吴子欲因之而冠必欲因之者　欲從中
國而被髮于掾吴子亦恐臣子　變從故国　礼因
晉之權然後羣臣嚮化以魯礼天下　晉權諸侯所服
故也是以明堂說　以為有道之　天下資礼樂

焉是也云請冠端　玄冠玄　袞　注袞衣
冠端玄端　釋曰吳俗祝髮文身衣皮卉服不能衣冠相
袞今請加冠于首身服玄端則衣冠上下共相掩袞故云
袞衣也詩云其軍三單彼毛傳云三單相袞彼謂三單前
後為相袞則此衣冠上下亦為相袞也　謂玄端衣
而端幅制之即諸侯視朝之服也諸侯視朝之服緇布衣
素積裳緇玄一也　注藉謂貢獻　貢謂土地所有以獻
于成周若禹貢齒革羽毛納賜大龜惟金三品之類著於
藉錄以為常貢故知藉為貢獻也　注累累猶數數
東方之国吳為最大吳牽小国必從會吳于柤于道于繒
于黄池之類積其善事故言數數致小国以合乎中国也
傳王尊称也子卑称也　自黄池前吳　称

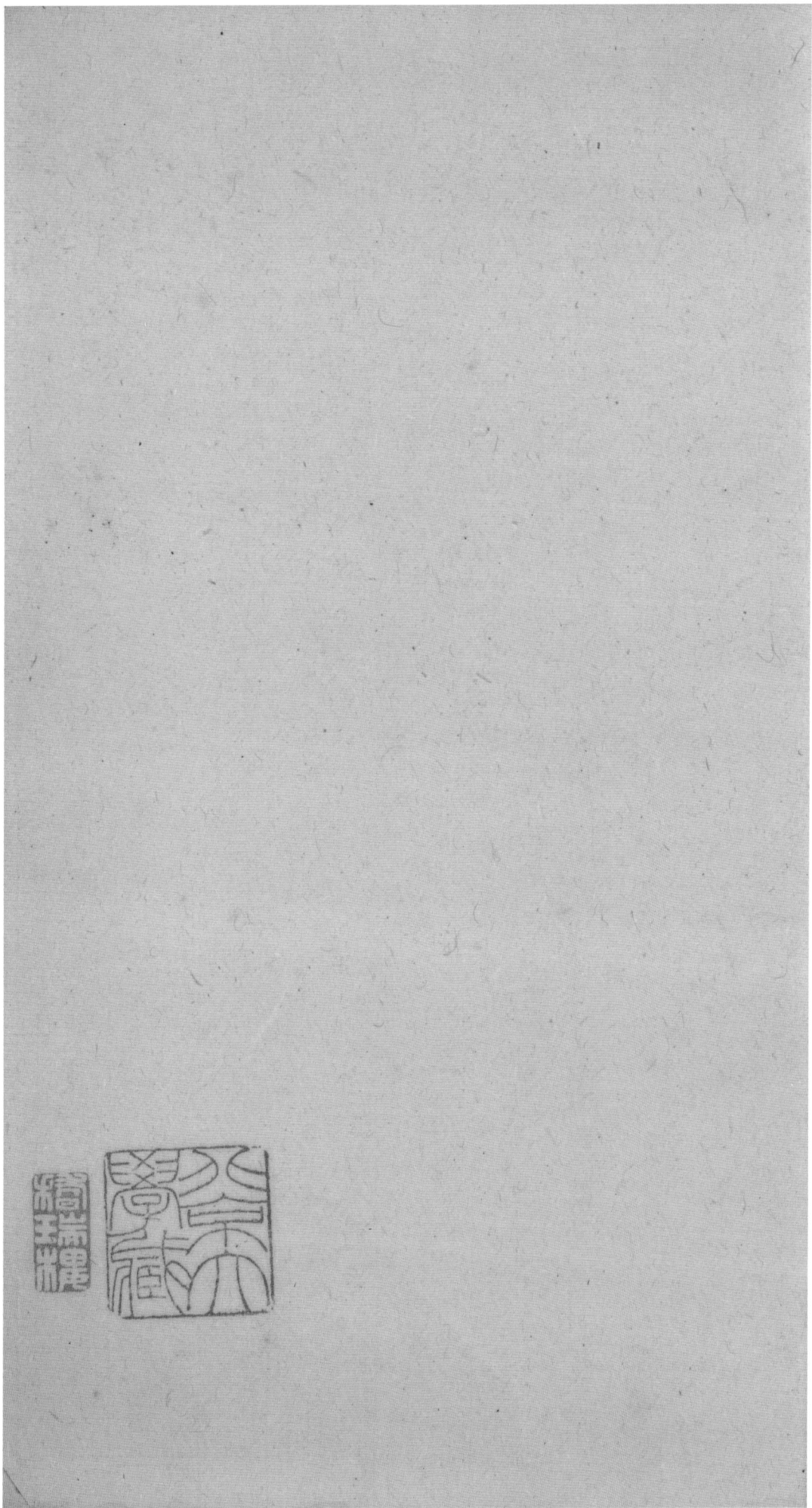

三月乃舍故不言來以識之是鄭意亦以識王舍晚也范前注引
鄭釋似將傳爲是後注取彼記文則以傳非者范以何休取蔡人來歸
僖公成風之襚爲非類故上注取鄭釋以排之下注既傳爲非故引雜記之文爲

不取鄭君

無罪而以累上之辭言之者以襄公濟泄陽

不取鄭君非王舍晚之說益明范以傳爲毛伯來誤也六年注行父云云

君殺无罒

君殺无罪之大夫則是失德不合書葬今襄公書葬則是春秋

無罪

君殺无罪之大夫則是失德不合書葬今襄公書葬則是春秋

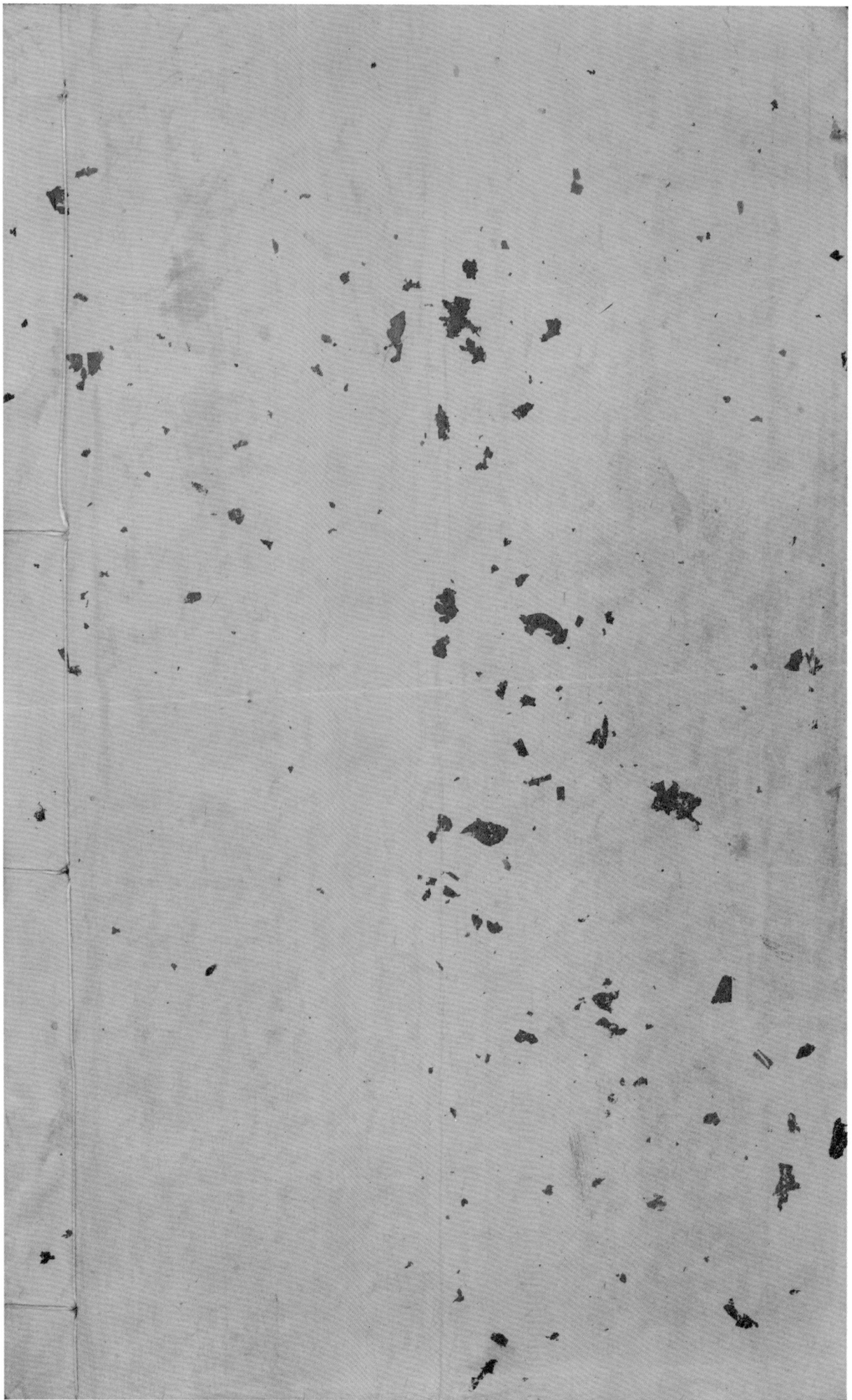